Ursula Gareis

Kunstunterricht kreativ

Anregungen für die Praxis

1./2. Klasse

Band 1

Kopiervorlagen

BRIGG Pädagogik

Gedruckt auf umweltbewusst gefertigtem, chlorfrei gebleichtem
und alterungsbeständigem Papier.

1. Auflage 2008
Nach den seit 2006 amtlich gültigen Regelungen der deutschen Rechtschreibung

ISBN 978-3-87101-**273**-0

www.brigg-paedagogik.de

Inhalt

Einführung

Liebe Kollegin, lieber Kollege,

das vorliegende Buch bietet für den Kunstunterricht der 1. und 2. Jahrgangsstufe zahlreiche Themen an, die der Lebenswirklichkeit von Kindern dieses Alters entsprechen. Dabei werden auch vielerlei Anregungen zu einem fachübergreifenden Unterricht oder zum Durchführen von Projekten gegeben.

Die **Gestaltungsanlässe** sind selbstverständlich nur als Anregungen zu verstehen.

Der **Arbeitsbereich** und das jeweilige **bildnerische Verfahre**n werden detailliert genannt.

Die **Gestaltungsgrundlagen** und **Ziele** geben Hinweise darauf, was mit dem jeweiligen Thema erreicht werden soll, und bieten auch, wenn nötig, mögliche Ansätze zur Beurteilung und Bewertung.

Die **Zeitangaben** können natürlich nur eine ungefähre Richtlinie sein, sind aber meist reichlich bemessen.

Die **Materialangaben** beinhalten oft Auswahlangebote, die von Ihnen noch variiert werden können.

Weil dem **Betrachten** im Kunstunterricht eine große Bedeutung zukommt, werden, wenn möglich, auch hierzu Anregungen gegeben.

Bei den vorgestellten Themen wurde auf detaillierte Stundenverläufe verzichtet. Stattdessen erhalten Sie ausführliche **Gestaltungshinweise**, die Sie Ihrem eigenen Unterricht bzw. Ihrer Klasse anpassen können

Mögliche Ausweitungen des Themas weisen auf eine Weiterarbeit in verschiedene Richtungen hin.

Wenn möglich und sinnvoll, wurden **Querverbindungen** zu andere Fächern angegeben.

Der Anhang des Buches zeigt die Verbindung des Buches zum **aktuellen bayerischen Lehrplan**. Von der Verfasserin wurde in direkter Anlehnung an den Lehrplan eine **Matrix** erstellt, in die alle Einzelthemen eingeordnet wurden. Sie liegt dem Buch als große Übersicht bei.

Ich wünsche Ihnen und Ihren Schülerinnen und Schülern viel Freude beim Gestalten.

Über Rückmeldungen und weitere Vorschläge würde ich mich sehr freuen.

Ihre Uschi Gareis

Ein herzliches Dankeschön

den Kolleginnen und Kollegen
für ihre tatkräftige Unterstützung

und den Schülerinnen und Schülern
aus Schwarzenbach am Wald,
Selbitz und Konradsreuth
für ihr eifriges und freudiges Gestalten!

1.1 Ein Dorf im Schneetreiben

Gestaltungsanlass:

Wintereinbruch, Winter

Arbeitsbereich/grundlegendes Verfahren:

Farbiges Gestalten: Malen mit Deckfarben

Gestaltungsgrundlagen/Ziele:

Formatfüllendes Malen; einfache räumliche Darstellung

Zeitaufwand:

- ca. 3–4 Unterrichtsstunden

Material:

- hellblaues oder graues Tonpapier (mindestens DIN A3)
- Deckfarben, Pinsel, Wassergefäß
- Deckweiß

Betrachten:

- Winterbilder/-fotos; Landschaft

Gestaltungshinweise:

- Wichtig ist, dass die Schüler sich bei diesem Werk vom Bodenstrichbild lösen und zu einer einfachen räumlichen Darstellung finden (was weiter hinten ist, ist auf dem Bild oben).
- Begonnen wird mit einigen farbigen Rechtecken am unteren Bildrand, darüber folgen weitere. Eine Überschneidung und perspektivische Darstellung (was weiter hinten ist, ist kleiner) ist von Schülern dieser Altersstufe noch nicht zu erwarten, kann aber angebahnt werden.
- Jedes Haus bekommt ein weißes Dach (Dachformen können besprochen werden).
- Die Zwischenräume werden gefüllt mit Gartenzäunen, kahlen Bäumen, Autos, Menschen, …
- Die Häuser erhalten Fenster und Türen (farbige Rechtecke), die Dächer Schornsteine und eventuell Eiszapfen.
- Als Nächstes wird der Schnee gemalt. Er liegt auch auf den Gartenzäunen, den Bäumen, den Wegen, …
- Zum Schluss wird das ganze Bild mit Schneeflocken überzogen, wobei darauf zu achten ist, dass die Schüler einen dünnen Pinsel verwenden und die Flocken nicht einfach darauflos, sondern gezielt setzen.
- Diese Gestaltung eignet sich auch gut zur Einführung der Technik „Malen mit Deckfarben".

Mögliche Ausweitung des Themas:

- Kapitel 2.5: Schneeskulpturen
- Kapitel 2.2 in Band 2: Zeichnen im Schnee

Querverbindungen:

- **Sachunterricht:** Hurra, es hat geschneit – Oh weh, es hat geschneit
- **Musik:** Winterlieder

1.2 Ein Nebelbild

Gestaltungsanlass:

Nebel; Sachunterricht: Wetter

Arbeitsbereich/grundlegendes Verfahren:

Grafisches Gestalten: Zeichnen

Gestaltungsgrundlagen/Ziele:

Möglichkeiten finden und umsetzen, wie man eine Nebelwirkung erzielen könnte.

Zeitaufwand:

- ca. 1–2 Unterrichtsstunden

Material:

- Zeichenblatt DIN A4 oder DIN A3
- Wasserfarben, Deckweiß, schwarzer Filzstift oder
- weicher Bleistift, Radiergummi

Betrachten:

- Abbildungen mit Nebel

Gestaltungshinweise:

- Besprechen: Wie könnte man auf einem Bild eine Nebelwirkung erzielen?
- Umsetzen von zwei Möglichkeiten:
  - Zeichenblatt mit wässriger Farbe in Grau einfärben; wenn trocken, mit einem schwarzen Filzstift Bild gestalten; zum Schluss mit Hellgrau übermalen
  - oder Bild mit weichem Bleistift gestalten, mit Radiergummi leicht schräg und mit wenig Druck Linien einradieren

Mögliche Ausweitung des Themas:

- Eine Burgruine im Nebel; Weidenbäume im Nebel …

Querverbindungen:

- **Sachunterricht:** Wetter; richtige Kleidung bei Nebel

1.3 Ein Gewitterbild

Gestaltungsanlass:

Gewitterstimmung; vorhergegangenes Gewitter; Gedicht

Arbeitsbereich/grundlegendes Verfahren:

Farbiges Gestalten: Malen

Gestaltungsgrundlagen/Ziele:

Anlegen eines Hintergrundes; Form und Farbe des Blitzes; abwechslungsreiche Stadtsilhouette

Zeitaufwand:

- ca. 2 Unterrichtsstunden

Material:

- Zeichenblatt DIN A3
- Deckfarben, Deckweiß; Wassergefäß, Pinsel

Betrachten:

- Fotos mit verästelten Blitzen

Gestaltungshinweise:

- Zuerst gestalten die Schüler den Hintergrund. Der Himmel wird von hell nach dunkel grundiert (mit zunehmend getrübtem Blau). Im oberen Teil wird eine dunkle Gewitterwolke angelegt.
- Auf den unteren Rand malen die Schüler eine schwarze Stadtsilhouette.
- Solange das Blatt trocknet, werden Abbildungen von Blitzen betrachtet, um vom Zick-Zack-Schema des Blitzes wegzukommen.
- Auf den getrockneten Hintergrund wird ein verästelter Blitz gemalt.

Mögliche Ausweitung des Themas:

- weitere Wettererscheinungen

Querverbindungen:

- **Sachunterricht:** Wettererscheinungen
- **Deutsch:** Gedicht „Das Gewitter“ (Seite 9)

Gedicht

Das Gewitter

Josef Guggenmos

Hinter dem Schlossberg kroch
es herauf:
Wolken - Wolken!
Wie graue Mäuse,
ein ganzes Gewusel.

Zuhauf
jagten die Wolken gegen die Stadt.
Und wurden groß
und glichen Riesen
und Elefanten
und dicken finsteren Ungeheuern,
wie sie noch niemand gesehen hat.

„Gleich geht es los!“,
sagten im Kaufhaus Dronten
drei Tanten
und rannten heim,
so schnell sie
konnten.

Da fuhr ein Blitz
mit helllichtem Schein,
zickzack,
blitzschnell
in einen Alleebaum hinein.
Und ein Donner schmetterte
hinterdrein,
als würden dreißig Drachen
auf Kommando lachen,
um die Welt zu erschrecken.
Alle Katzen der Stadt
verkrochen sich
in den allerhintersten Stubenecken.

Doch jetzt ging ein Platzregen nieder!
Die Stadt war überall
nur noch ein einziger Wasserfall.
Wildbäche waren die Gassen.

Plötzlich war alles vorüber,
die Sonne kam wieder
und blickte vergnügt
auf die Dächer, die nassen.

1.4 Ein Herbstbaum

Gestaltungsanlass:

Bäume; Herbst; Wind

Arbeitsbereiche/grundlegende Verfahren:

Farbiges Gestalten: Malen mit Deckfarben;
Grafisches Gestalten: Fingerdruck

Gestaltungsgrundlagen/Ziele:

Ermischen des Hintergrundes; formatfüllendes gestaltklärendes Malen

Zeitaufwand:

- ca. 2–3 Unterrichtsstunden

Material:

- Zeichenblatt DIN A3 (eventuell DIN A4)
- Deckfarben
- Borstenpinsel, Wassergefäß

Betrachten:

- Bäume, Abbildungen vn Bäumen

Gestaltungshinweise:

- Zuerst wird der Hintergrund (am besten mit einem Schwämmchen oder einem dicken Borstenpinsel) mit Blau und Schwarz sehr wässrig eingefärbt.
- Während der Hintergrund trocknet, betrachten die Schüler Bäume bzw. Abbildungen und zeichnen einige an die Tafel (wichtig: nicht nur Äste, sondern auch Zweige darstellen).
- Man kann die Schüler versuchen lassen, auf einem kleinen Blatt probeweise einen Baum zu malen; anschließend gibt es Verbesserungsvorschläge.
- Ist der Hintergrund trocken, wird ein Baum groß aufgemalt.
- Die Blätter werden in Herbstfarben mit dem Finger aufgetupft. (Farbe gut anrühren!)

Mögliche Ausweitung des Themas:

- mehrere Bäume im Wind; Blätter fliegen davon
- Blütenbaum im Frühling

Querverbindungen:

- **Sachunterricht:** Wetter im Herbst; Warum verlieren die Bäume im Herbst ihre Blätter?
- **Musik:** Herbstlieder, z. B.: „Ihr Blätter, wollt ihr tanzen?"; „Falle, falle, falle ..."; „Der Herbst ist da"

2.1 Zeichnen mit Sand

Gestaltungsanlass:
beliebig

Arbeitsbereich/grundlegendes Verfahren:
Grafisches Gestalten: Zeichnen

Gestaltungsgrundlagen/Ziele:
Kennenlernen einer neuen Technik; Gestalten mit der Umrisslinie

Zeitaufwand:
- 1–2 Unterrichtsstunden

Material:
- schwarzes Tonpapier DIN A4
- Flüssigkleber
- Sand
- Deckfarben, Pinsel, Wassergefäß

Betrachten:
- Abbildungen der Schülerarbeiten

Gestaltungshinweise:
- Die Schüler zeichnen ein einfaches Motiv möglichst formatfüllend auf das Tonpapier.
- Mit Flüssigkleber wird das Motiv „nachgespurt".
- Diese Spur wird mit Sand bestreut. Nach dem Trocknen des Klebers wird der überschüssige Sand abgeschüttelt.
- Nun kann das Motiv noch mit Deckfarben eingefärbt werden.
- Diese Technik, die eine erhabene Zeichenspur ergibt, ist für die Schüler besonders anregend.

Mögliche Ausweitung des Themas:
- weiteres Gestalten mit Naturmaterialien

2.2 Laubfrottage

Gestaltungsanlass:

Herbst; Laubbäume

Arbeitsbereich/grundlegendes Verfahren:

Grafisches Gestalten: Frottage

Gestaltungsgrundlagen/Ziele:

Kennenlernen der Technik

Zeitaufwand:

- 1–2 Unterrichtsstunden

Material:

- verschiedene gepresste Blätter von Laubbäumen
- Zeichenblätter DIN A4
- weiche Buntstifte oder Wachsmalkreiden
- eventuell Laminiergerät

Betrachten:

- Abbildungen der Schülerarbeiten

Gestaltungshinweise:

- Die Blätter werden sortiert (eventuell benannt) und betrachtet. Dabei stellen die Schüler fest, dass die Oberseite meist glatt ist, während auf der Unterseite die Blattadern zu sehen und zu fühlen sind.
- Vorführen/Erproben der Technik an einem Beispiel: Ein Zeichenblatt wird auf ein Blatt gelegt und mit einem weichen Buntstift oder einer Wachsmalkreide „durchgerubbelt“.
- Wenn die Schüler die Technik erprobt haben, können sie ihr „Rubbelbild“ gestalten. Dabei sollen sie verschiedene Blattformen und „Herbstfarben“ verwenden.
- Die einzelnen „Rubbelbilder“ können laminiert und als Tischset oder Bastelunterlage verwendet werden.

Mögliche Ausweitung des Themas:

- Kapitel 16.3: Seltsame Wesen nach Max Ernst
- weitere Frottagebilder

Querverbindungen:

- **Sachunterricht:** Verschiedene Laubbäume

2.3 Visitenkarte aus Naturmaterialien

Gestaltungsanlass:

Einführung in die Land Art

Arbeitsbereich/grundlegendes Verfahren:

Farbiges Gestalten: Collagieren mit flachen Naturmaterialien

Gestaltungsgrundlagen/Ziele:

Aussuchen und Anordnen geeigneter Naturmaterialien

Zeitaufwand:

- ca. 2 Unterrichtsstunden

Material:

- Stück Pappe (ca. DIN A5)
- doppelseitiges Klebeband
- geeignete Naturmaterialien
- Fotoapparat

Betrachten:

- Abbildungen der Schülerarbeiten

Gestaltungshinweise:

- Das Sammeln der Naturmaterialien kann vorher geschehen (z. B. bei einem Unterrichtsgang, bei einer Wanderung oder als Hausaufgabe).
- Der Lehrer beklebt die Pappe mit dem doppelseitigen Klebeband und teilt sie an die Schüler aus.
- **Arbeitsauftrag:** „Ihr sollt diese Karte nun mit Naturmaterialien bekleben, sodass sie eine Art Visitenkarte von euch ist. Ihr könnt Muster kleben, ein Bild darstellen oder sogar eure Initialen oder euren Namen gestalten. Bitte verwendet dazu geeignete Materialien, die nicht zu schwer sind und gut haften."
- Die Schüler werden anschließend mit ihrer „Visitenkarte" fotografiert.

Mögliche Ausweitung des Themas:

- Kapitel 2.3 in Band 2: Collage aus Naturmaterialien

Querverbindungen:

- **Sachunterricht/Religion/Ethik:** Ich stelle mich vor
- **Sachunterricht:** Wald; Wiese; Park …

2.4 Einen Miniaturgarten/eine Miniaturlandschaft herstellen

Gestaltungsanlass:

Buch von Jonathan Swift: „Gullivers wundersame Reise auf die Insel Liliput“ ; Erzählen von Wichtelgeschichten, Zwergengeschichten

Arbeitsbereiche/grundlegende Verfahren:

Räumliches Gestalten: Bauen mit Naturmaterialien;
Gestalten mit technisch-visuellen Mitteln: Fotografieren

Gestaltungsgrundlagen/Ziele:

Aussuchen geeigneter Naturmaterialien; anordnen und gestalten

Zeitaufwand:

- ca. 2 Unterrichtsstunden (ohne Sammeln)

Material:

- flache Schachteln oder Holzkisten
- Erde
- gesammelte Naturmaterialien
- Fotoapparat

Betrachten:

- Abbildungen der Schülerarbeiten (Seite 14/15)

Gestaltungshinweise:

- Beim Lesen eines Auszugs von Swifts Buch entstand bei den Schülern der Wunsch, das Land Liliput nachzugestalten.
- Es würde sich auch das Lesen oder Vorlesen von Wichtelgeschichten, Zwergengeschichten u.Ä. anbieten.
- Die Schülen sammeln (z.B. bei einem Unterrichtsgang, bei einer Wanderung oder als Hausaufgabe) Naturmaterialien wie kleine Äste, Pflanzen, Früchte, Zapfen, …
- In eine flache Schachtel oder Kiste wird Erde gefüllt (es bietet sich an, dies im Freien zu machen, z.B. auf dem Pausenhof oder im Schulgarten).
- Die Schüler planen nun in der Gruppe, wie ihre Miniaturlandschaft aussehen soll, und setzen dann den Plan um.
- Die entstandenen Landschaften werden ausgestellt (im Schulhaus oder im Freien) und von den Schülern fotografiert.

Mögliche Ausweitung des Themas:

- die Landschaft mit selbst gebastelten oder mitgebrachten Figuren schmücken

Querverbindungen:

- **Deutsch:** Eine Beschreibung des Gartens anfertigen; eine Fantasiegeschichte dazu schreiben

2.5 Schneeskulpturen

Gestaltungsanlass:

Neuschnee; Winterwandertag

Arbeitsbereich/grundlegende Verfahren:

Räumliches Gestalten: Bauen/Formen/Skulptieren

Gestaltungsgrundlagen/Ziele:

Einblick in die Materialbeschaffenheit von Schnee; Grundlagen in der Bedienung des Fotoapparates erwerben

Zeitaufwand:

- mehrere Unterrichtsstunden (je nach Organisation)

Material:

- Schnee, eventuell anderes formbares Material
- eventuell Werkzeuge: Schaufeln, Hammer, Messer, Gabel …

Betrachten:

- originale Skulpturen oder Fotos davon (Zeitung, Internet)
- Abbildungen der der Schülerarbeiten

Gestaltungshinweise:

- Besprechen: Wie können wir auch solche Skulpturen herstellen?
- Möglichkeiten:
  - bauen, z. B. aus Kugeln (Schneemann)
  - formen (aus Pappschnee)
  - skulptieren (aus einem Schneeblock mit Werkzeug herausarbeiten)
- Auswahl der Technik nach Schneebeschaffenheit
- Wahl der Tätigkeitsform:
  - beim Skulptieren am besten Einzelarbeit
  - beim Bauen Partner- oder Gruppenarbeit
  - beim Formen alle Möglichkeiten, je nach Größe
- eventuell Modell herstellen, z. B. aus Knete, Ton …
- fertige Skulpturen fotografieren

Mögliche Ausweitung des Themas:

- Spuren im Schnee/Sand
- Herstellen von Skulpturen aus anderen Materialien

Querverbindungen:

- **Sport:** Sich in der Natur bewegen

3.1 Tiger im Urwald

Gestaltungsanlass:
Tierfilm; entsprechende Lektüre

Arbeitsbereich/grundlegendes Verfahren:
Farbiges Gestalten: Malen

Gestaltungsgrundlagen/Ziele:
Formatfüllendes und gestaltklärendes Darstellen des Tigers; Ermischen zahlreicher Grüntöne

Zeitaufwand:
- 2–3 Unterrichtsstunden

Material:
- Zeichenblatt DIN A3
- Deckfarben, Pinsel, Wassergefäß

Betrachten:
- Abbildungen von Tigern/Tierfilm

Gestaltungshinweise:
- Als Einführung werden Kopf- und Körperform sowie Fellzeichnung des Tigers besprochen und dieser wird pantomimisch dargestellt.
- In Gelb- und Orangetönen malen die Schüler den Tiger dann möglichst formatfüllend auf das Blatt. Dies geschieht am besten aus dem Fleck heraus.
- Ist der Körper trocken, werden die Streifen in Braun oder Schwarz sowie das Gesicht aufgemalt.
- Für den Hintergrund werden viele verschiedene Grüntöne gemischt und aufgetragen. Einzelne Pflanzen, Blätter, Blüten, Lianen usw. können nachträglich durch zeichnerisches Übermalen sichtbar gemacht werden.

Mögliche Ausweitung des Themas:
- weitere Dschungeltiere
- Dschungelbilder nach Rousseau

Querverbindungen:
- **Deutsch:** Lesen „Das Dschungelbuch“

3.2 Chamäleon

Gestaltungsanlass:

Farbenlehre; Farben mischen; Geschichte von Leo Lionni (Seite 19)

Arbeitsbereich/grundlegende Verfahren:

Farbiges Gestalten: Malen, Collagieren

Gestaltungsgrundlagen/Ziele:

Mischen vielfältiger Grüntöne

Zeitaufwand:

- ca. 4 Unterrichtsstunden

Material:

- Zeichenblatt DIN A3
- Kopiervorlage Chamäleon (Seite 20)
- Deckfarben, Pinsel
- Schere, Kleber
- Text (Seite 19)

Betrachten:

- Abbildungen eines Chamäleons

Gestaltungshinweise:

- Als Einstieg bietet sich die Geschichte „Seine eigene Farbe“ von Leo Lionni an.
- Die Schüler mischen nun eine Vielzahl von Grüntönen und bemalen damit das Zeichenblatt sowie die Rückseite des Arbeitsblattes.
- Anschließend schneiden sie das Chamäleon aus und kleben es auf das grüne Blatt.
- Die Gestaltungen können aufgehängt werden unter dem Motto „Wer versteckt sich denn da?“

Mögliche Ausweitung des Themas:

- das Chamäleon auf einem anderen Hintergrund
- weitere Gestaltungen mit nur einer Farbfamilie

Querverbindungen:

- **Sachunterricht:** exotische Tiere

Lesetext

Leo Lionni

Seine eigene Farbe

Deutsch von Ernst Jandl

Papageien sind grün.

Goldfische sind rot.

Elefanten sind grau.

Schweine sind rosa.

Jedes Tier hat seine eigene Farbe.

Nur nicht das Chamäleon.

Von Ort zu Ort ändert es seine Farbe.

Auf Zitronen ist es gelb.

Im Heidekraut ist es violett.

Und auf einem Tiger ist es gestreift wie ein Tiger.

Eines Tages saß ein Chamäleon auf dem Schwanz eines Tigers und sagte sich:

„Wenn ich auf einem Blatt sitzen bleibe, werde ich allzeit grün sein.

Dann werde auch ich meine eigene Farbe haben.“

Mit diesem Gedanken kletterte es fröhlich auf das allergrünste Blatt.

Aber im Herbst wurde das Blatt gelb – und das Gleiche geschah mit dem Chamäleon.

Später wurde das Blatt rot, und das Chamäleon wurde ebenfalls rot.

Und dann blies der Winterwind das Blatt vom Zweig – und mit dem Blatt auch das Chamäleon.

In der langen schwarzen Winternacht wurde das Chamäleon schwarz.

Aber als der Frühling kam, trabte es hinaus ins grüne Gras.

Und dort traf es ein zweites Chamäleon.

Dem erzählte es seine traurige Geschichte.

„Werden wir denn nie eine eigene Farbe haben?“, fragte es.

„Ich fürchte, das werden wir nie“, sagte das andere Chamäleon, das älter war und mehr wusste.

„Aber“, sagte es dann, „warum bleiben wir zwei nicht zusammen? Wir werden auch weiterhin unsere Farbe verändern, von Ort zu Ort, aber wir beide, du und ich, werden uns immer ganz ähnlich sein.“

Und so blieben sie Seite an Seite.

Miteinander wurden sie grün.

Und violett.

Und gelb.

Und rot mit weißen Tupfen.

Aber es machte ihnen nichts aus.

Und sie lebten zufrieden seit diesem Tag.

Kopiervorlage

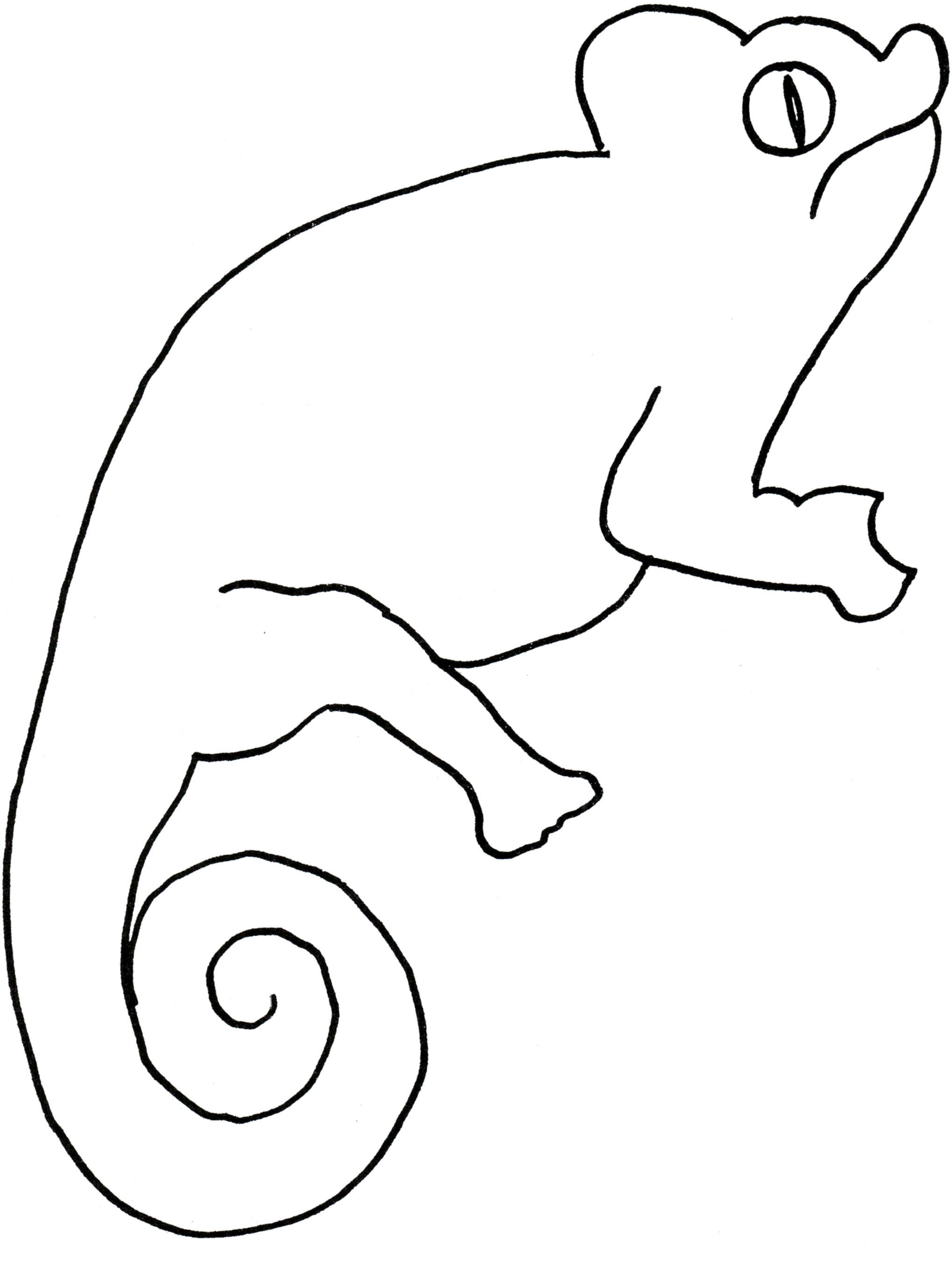

3.3 Pfau, Papagei, Hahn, Wundervogel

Gestaltungsanlass:

beliebig

Arbeitsbereich/grundlegendes Verfahren:

Grafisches Gestalten: Zeichnen: Sgraffito

Gestaltungsgrundlagen/Ziele:

Kennenlernen der Technik; formatfüllendes Arbeiten; Finden grafischer Zeichen zur Oberflächendarstellung (Binnenstruktur)

Zeitaufwand:

- mehrere Unterrichtsstunden

Material:

- Zeichenblatt DIN A4
- Wachsmalkreiden
- Kratzwerkzeuge: Schaber, Stricknadel, Gabel, Schaschlikspieß …
- schwarze Abtönfarbe

Betrachten:

- Abbildungen der betreffenden Vögel

Gestaltungshinweise:

- Die Schüler färben das Zeichenblatt mit verschiedenen leuchtenden Wachsmalfarben ein (Flecken, Streifen …). Dies ist teilweise recht anstrengend und kann auch als vorbereitende Hausaufgabe geschehen.
- Die fertigen Blätter werden dann (am besten vom Lehrer selbst) deckend mit schwarzer Abtönfarbe übermalt.
- Nun können die Schüler mit verschiedenen Kratzwerkzeugen das Motiv sowie die Federstruktur aus dem schwarzen Grund herauskratzen.

Mögliche Ausweitung des Themas:

- weitere Tiere in dieser Technik (z. B. Giraffe, Schildkröte, Schmetterling)

Querverbindungen:

- **Sachunterricht:** Vögel

3.4 Marienkäfer auf einem Blatt

Gestaltungsanlass:

Sommer; Wiesenspaziergang; Komplementärfarben

Arbeitsbereich/grundlegendes Verfahren:

Grafisches Gestalten: Malen

Gestaltungsgrundlagen/Ziele:

Mischen unterschiedlicher Grüntöne (aus den Grundfarben); Erfahren des Komplementärkontrasts rot-grün

Zeitaufwand:

- ca. 2–3 Unterrichtsstunden

Material:

- 2 Zeichenblätter DIN A4
- Deckfarben, Wassergefäß, Pinsel
- Schere, Kleber

Betrachten:

- lebendige Marienkäfer oder Fotos

Gestaltungshinweise:

- Zuerst mischen die Schüler unterschiedliche Grüntöne und färben ein Zeichenblatt damit ein.
- Während der Hintergrund trocknet, wird die Gestalt des Marienkäfers besprochen: roter runder Körper mit Deckflügeln, schwarzes Brustschild, Kopf, Fühler, sechs Beine, schwarze Punkte.
- Dann malen die Schüler den Käfer mit Karminrot und Schwarz auf das 2. Blatt.
- Wenn der Käfer getrocknet ist, wird er ausgeschnitten und auf den grünen Hintergrund geklebt.
- Die Schüler erfahren, das der Komplementärkontrast Rot – Grün häufig in der Natur vorkommt, und sammeln weitere Beispiele: rote Äpfel / Kirschen am Baum; Tomaten am Strauch …

Mögliche Ausweitung des Themas:

- weitere Gestaltungen im Komplementärkontrast Rot – Grün
- Farbkreis entwickeln
- weitere Gestaltungen mit anderen Komplementärkontrasten

Querverbindungen:

- **Sachunterricht:** Tiere der Wiese

3.5 Eule im Wald

Gestaltungsanlass:

Sachunterricht, Zoobesuch, …

Arbeitsbereich/grundlegendes Verfahren:

Farbiges Gestalten: Malen

Gestaltungsgrundlagen/Ziele:

Mischen vielfältiger Brauntöne; Binnendifferenzierung; Qualitätskontrast erzielen

Zeitaufwand:

- ca. 2–3 Unterrichtsstunden

Material:

- Zeichenblatt DIN A4 oder DIN A3
- Deckfarben, Wassergefäß, Pinsel

Betrachten:

- Eulen im Zoo, Film
- ausgestopfte Eule
- Fotos

Gestaltungshinweise:

- Die Schüler beschreiben das Aussehen der Eule:
  - braunes Gefieder (zur Tarnung)
  - große, leuchtende Augen (damit sie nachts gut sehen kann)
  - große Flügel (zum lautlosen Gleiten)
  - krummer Schnabel, große Klauen
- Dann malen sie eine Eule formatfüllend auf das Zeichenblatt (Hochformat). Die Eule sitzt auf einem Ast.
- Verschiedene Brauntöne werden gemischt, damit sich Körper, Kopf und Flügel gut voneinander abheben und um das Gefieder zu differenzieren.
- Große runde Augen werden mit Deckweiß, Gelb oder Orange gestaltet, anschließend der Schnabel und die Klauen.
- Für den Hintergrund werden dunkle Blautöne als Nachthimmel verwendet. Eventuell kann noch ein Mond Platz finden.

Querverbindungen:

- **Deutsch:** Gedicht von Eva Rechlin „Über das Heulen von Eulen“

4.1 Mein Zimmer

Gestaltungsanlass:

„Ich stelle mich vor“, Meine Hobbys, ...

Arbeitsbereiche/grundlegende Verfahren:

Grafisches Gestalten: Zeichnen;
Farbiges Gestalten: Malen;
Gestalten mit technisch-visuellen Mitteln: Fotografieren

Gestaltungsgrundlagen/Ziele:

Darstellung des Raums; detaillierte und formatfüllende Ausführung; Grundlagen in der Bedienung des Fotoapparats erwerben.

Zeitaufwand:

- 2–4 Unterrichtsstunden (je nach Umfang)

Material:

Je nach Wahl des Verfahrens:
- Fotoapparat
- Zeichenblock DIN A4 oder DIN A3
- Wasserfarben, Pinsel
- Stifte

Betrachten:

- eigenes Zimmer
- Fotos der Zimmer
- Zimmerdarstellungen in Prospekten
- Zimmer in der Kunst, z. B. van Goghs „Bett in Arles“

Gestaltungshinweise:

- Die Schüler fotografieren ihr Zimmer und zeigen die Fotos und/oder erzählen von ihrem Zimmer.
- Anschließend malen oder zeichnen sie ihr Zimmer, wobei auf eine formatfüllende Anordnung zu achten ist.

Mögliche Ausweitung des Themas:

- räumliche Darstellung des Zimmers, z. B. in einem Schuhkarton
- Kapitel 4.2: Mein Wunschzimmer
- Kapitel 4.1 in Band 2: Unser Haus

Querverbindungen:

- **Sachunterricht:** „Wo wir wohnen“; Anordnung der Räume im Haus

4.2 Mein Wunschzimmer

Gestaltungsanlass:

Ich stelle mich vor; meine Hobbys; meine Träume

Arbeitsbereich/grundlegendes Verfahren:

Farbiges Gestalten: Collagieren

Gestaltungsgrundlagen/Ziele:

Sinnvolle Anordnung vorgeformten Bildmaterials; sauberes Ausschneiden und Aufkleben

Zeitaufwand:

- mindestens 2 Unterrichtsstunden (ohne Sammeln)

Material:

- Möbelprospekte, Spielzeugprospekte, Gartenprospekte u. Ä.
- Zeichenblock DIN A4 oder DIN A3
- Schere, Kleber
- eventuell Wasserfarben, Pinsel
- eventuell Stifte

Betrachten:

- Abbildungen Schülerarbeiten

Gestaltungshinweise:

- Die Schüler erzählen, wie sie sich ihr Traumzimmer vorstellen würden, und sammeln gezielt Prospekte und Abbildungen.
- Sie schneiden Möbel und Spielsachen, aber auch Tiere und andere Abbildungen, aus und arrangieren sie auf einem weißen (oder auch farbig eingefärbten) Zeichenblockblatt zu einem Wunschzimmer.
- Mit farbigen Stiften können eventuell Details ergänzt werden.

Mögliche Ausweitung des Themas:

- Traumzimmer malen, zeichnen oder räumlich darstellen
- Kapitel 4.2 in Band 2: Mein Traumhaus

Querverbindungen:

- **Deutsch:** Beschreiben: Mein Wunschzimmer
- **Kreatives Schreiben:** Abenteuer in meinem Zimmer

4.3 Ein Falthaus gestalten

Gestaltungsanlass:

Mein Zuhause; Unser Heimatort; Adventskalender gestalten; ...

Arbeitsbereich/grundlegendes Verfahren:

Räumliches Gestalten: Bauen

Gestaltungsgrundlagen/Ziele:

Differenziertes Ausschmücken einer vorgegebenen Form; sauberes und genaues Arbeiten (Falten, Schneiden, Kleben)

Zeitaufwand:

- ca. 1–2 Unterrichtsstunden

Material:

- Kopie des Arbeitsblattes (kann auch auf farbiges Tonpapier oder auf Tonkarton kopiert werden)
- farbige Stifte oder Kreiden
- Schere, Kleber

Betrachten:

- Abbildungen der Schülerarbeiten; fertige Häuser

Gestaltungshinweise:

- Das Haus wird vor dem Zusammenkleben bemalt.
- An einem fertigen Haus sehen die Kinder, wie es später gefaltet wird. So können sie erkennen, wo das Dach ist, die Giebelseiten usw.
- Mit farbigen Stiften oder Kreiden wird das Haus bemalt (Fenster, Vorhänge, Türen, Dachziegel ...)
- An den gestrichelten Linien wird eingeschnitten, die anderen Linien werden geknickt.
- Zuerst werden an einer Seite die Giebelhälften übereinandergeklebt, dann die beiden unteren Teile. Auf der gegenüberliegenden Seite wird genauso verfahren.
- Das Haus kann mit Balkonen, Schornsteinen, Dachgauben usw. verziert werden.

Mögliche Ausweitung des Themas:

- Gestalten eines Gartens
- Zusammenstellen zu einem Dorf; weitere Häuserformen selber entwickeln

Querverbindungen:

- **Musik:** Lied „Unser Haus ist zwar klein ...“

Bauplan

C		D
A	DACH	B
A	DACH	B
C		D

- Bei ✂ Linien bis zur senkrechten, gestrichelten Linie einschneiden; restliche gestrichelte Linien nach innen knicken.
- Jeweils ein Feld A über das andere Feld A und ein Feld B über das andere Feld B kleben.
- Felder C jeweils über Feld A falten und ankleben.
- Felder D jeweils über Feld B falten und ankleben.

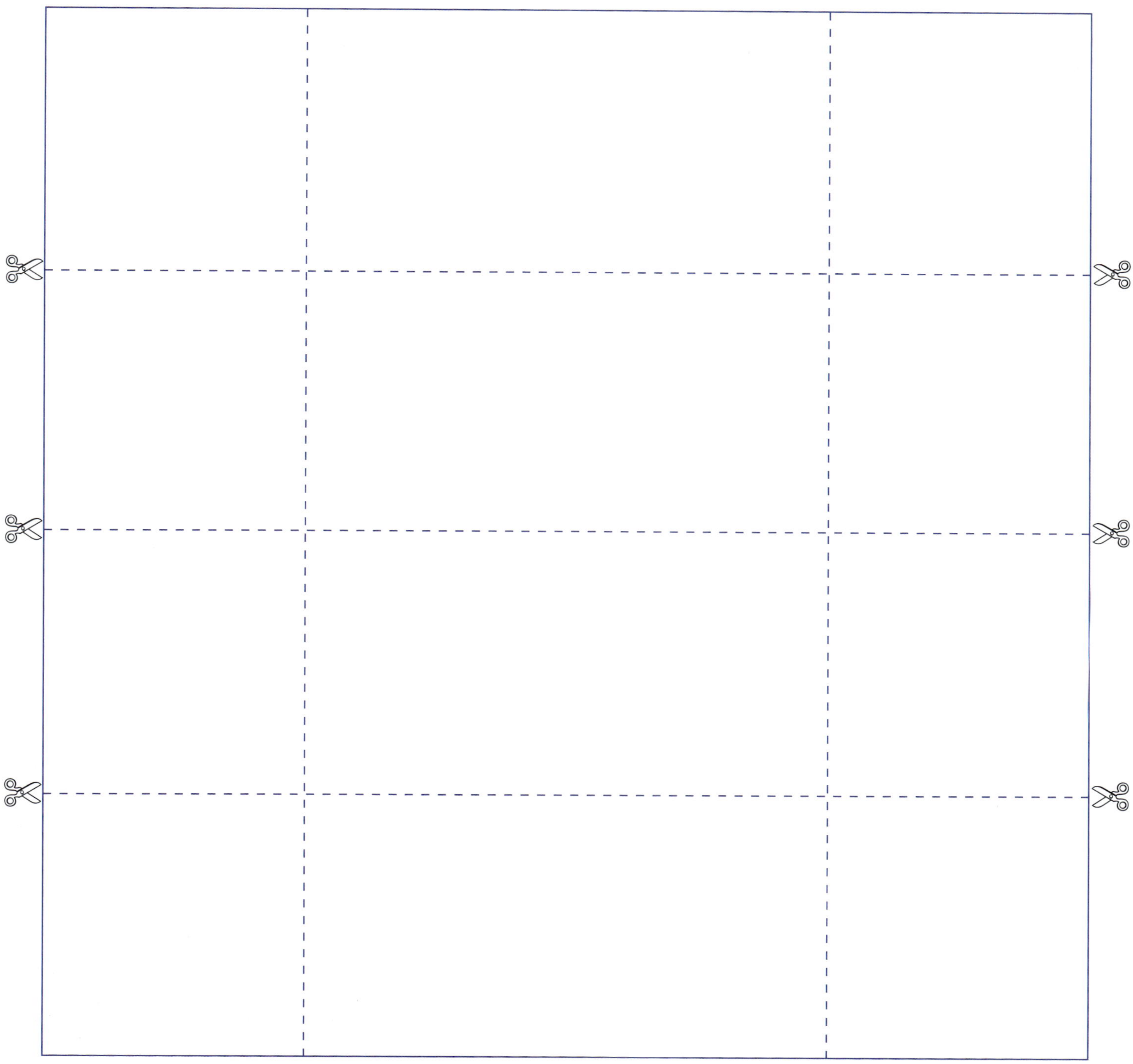

5.1 Unser Wunschklassenzimmer

Gestaltungsanlass:

Zusammenleben in der Schule, Klassenzimmer umgestalten

Arbeitsbereiche/grundlegende Verfahren:

Farbiges Gestalten: Malen;
Grafisches Gestalten: Zeichnen, Collagieren;
Räumliches Gestalten: Bauen

Gestaltungsgrundlagen/Ziele:

Fantasievolle Gestaltung; Originalität der Bildidee

Zeitaufwand:

- mehrere Unterrichtsstunden (je nach Wahl des Verfahrens)

Material:

Je nach Verfahren:
- Zeichenblock DIN A4 oder DIN A3
- Wasserfarben, Pinsel
- Stifte
- Zeitungsausschnitte
- Schachteln, Dosen, Papiere …
- Bausteine
- vorgefertigtes Material, z. B. Playmobil, Barbie …

Betrachten:

- Abbildungen der Schülerarbeiten

Gestaltungshinweise:

- Die Schüler sprechen darüber, wie sie ihr Klassenzimmer umgestalten möchten (realistische Möglichkeiten, z. B. Leseecke, Computertisch, Bücherei, Spieletisch …).
- Anschließend erhalten sie die Aufgabe, sich ein fantastisches Klassenzimmer vorzustellen und es zu beschreiben.
- Umsetzung der Vorstellungen:
  - zeichnerisch mit Stiften
  - mit Wasserfarben malen
  - als Collage aus Zeitungsausschnitten
  - räumlich, z. B. mit Bausteinen bauen, mit Playmobil, Barbie … gestalten, mit Schachteln, Dosen, Papier u. a. bauen (Gruppenarbeit)

Mögliche Ausweitung des Themas:

- Kapitel 5.2: Unser Wunschpausenhof
- Kapitel 5.3: Unser Wunschschulhaus
- Kapitel 6: Feste im Jahreskreis

Querverbindungen:

- **Deutsch:** Beschreiben: Mein Wunschklassenzimmer
- **Kreatives Schreiben:** Abenteuer im Klassenzimmer, neue Klassenregeln

5.2 Unser Wunschpausenhof

Gestaltungsanlass:

Zusammenleben in der Schule, Pausenhof umgestalten

Arbeitsbereiche/grundlegende Verfahren:

Farbiges Gestalten: Malen;
Grafisches Gestalten: Zeichnen;
Räumliches Gestalten: Bauen

Gestaltungsgrundlagen/Ziele:

Fantasievolle Gestaltung; Originalität der Bildidee

Zeitaufwand:

- mehrere Unterrichtsstunden (je nach Wahl des Verfahrens)

Material:

Je nach Verfahren:
- Zeichenblock DIN A4 oder DIN A3
- Wasserfarben, Pinsel
- Stifte
- Zeitungsausschnitte
- Schachteln, Dosen, Papiere …
- Bausteine
- vorgefertigtes Material, z. B. Playmobil, Barbie

Betrachten:

- Abbildungen der Schülerarbeiten

Gestaltungshinweise:

- Die Schüler sprechen darüber, wie sie ihren Pausenhof umgestalten möchten (realistische Möglichkeiten, z. B. Hüpfspiele aufzeichnen, Spielgeräte und Sitzbänke einrichten, Klassenzimmer im Freien …). Anschließend erhalten sie die Aufgabe, sich einen fantastischen Pausenhof vorzustellen und zu beschreiben.
- Umsetzung der Vorstellungen
  - zeichnerisch mit Stiften
  - mit Wasserfarben
  - räumlich, z. B. mit Bausteinen bauen; mit Playmobil, Barbie gestalten; mit Schachteln, Dosen, Papier u. a. bauen (Gruppenarbeit)

Mögliche Ausweitung des Themas:

- Kapitel 5.1: Unser Wunschklassenzimmer
- Kapitel 5.3: Unser Wunschschulhaus
- Kapitel 5.2 in Band 2: Wir schmücken unseren Pausenhof

Querverbindungen:

- **Deutsch:** Beschreiben: Mein Wunschpausenhof
- **Kreatives Schreiben:** Abenteuer in der Pause, neue Regeln für die Pause

5.3 Unser Wunschschulhaus

Gestaltungsanlass:

Hundertwasser kennenlernen; Bauwerke allgemein

Arbeitsbereiche/grundlegende Verfahren:

Grafisches Gestalten: Zeichnen;
Farbiges Gestalten: Collagieren;
Gestalten mit technisch-visuellen Mitteln: Fotografieren

Gestaltungsgrundlagen/Ziele:

eine vorgegebene Architektur durch Farben und Formen umgestalten; Originalität der Bildidee; Grundlagen in der Bedienung des Fotoapparats erwerben

Zeitaufwand:

- ca. 2 Unterrichtsstunden

Material:

- Fotoapparat
- bzw. DIN A4- oder DIN A3-Kopie (schwarz-weiß) von Schulfotos (Außenaufnahmen)
- Stifte oder Kreiden
- eventuell farbiges Papier

Betrachten:

- Fotos vom Hundertwasser-Haus in Wien oder anderen fantastischen Bauwerken

Gestaltungshinweise:

- Die Schüler fotografieren ihr Schulhaus aus verschiedenen Blickwinkeln (Fotos werden vergrößert kopiert)
- oder erhalten Kopien von Schulhausfotos.
- In Einzel-, Partner- oder Gruppenarbeit überlegen sie, welche Veränderungen möglich wären, und setzen diese dann zeichnerisch oder in Form einer Collage um.

Mögliche Ausweitung des Themas:

- räumliche Umsetzung (Modell bauen)
- Kapitel 5.1: Unser Wunschklassenzimmer
- Kapitel 5.2: Unser Wunschpausenhof
- Kapitel 5.1 in Band 2: Wir schmücken unser Schulhaus
- weitere Gestaltungen zu Hundertwasser

Querverbindungen:

- **Deutsch:** Beschreiben: Meine Wunschschule
- **Kreatives Schreiben:** Abenteuer in der Schule, Schule der Zukunft

6.1 Eine Osterkarte im Spaltschnitt

Gestaltungsanlass:

Ostern

Arbeitsbereich/grundlegendes Verfahren:

Farbiges Gestalten: Collagieren

Gestaltungsgrundlagen/Ziele:

Differenzierung der Flächen; sauberes Schneiden und Aufkleben

Zeitaufwand:

- 1–2 Unterrichtsstunden (je nach Umfang)

Material:

- Eierschablone
- farbiges Tonpapier
- Bleistift, Schere, Kleber
- weißer oder farbiger Tonkarton

Betrachten:

- Abbildungen Schülerarbeiten
- eventuell fertige Karten

Gestaltungshinweise:

- Aus dem Tonkarton wird eine Karte geschnitten (z. B. eine Klappkarte DIN A5).
- Mit Hilfe der Schablone zeichnen die Schüler den Umriss eines Eis auf Tonpapier.
- Mit einem Bleistift wird das Ei horizontal in mehrere Flächen eingeteilt. Anschließend wird es in die einzelnen Flächen zerschnitten („zerspalten“).
- Diese werden dann auf die Außenseite der Karte gelegt und so verschoben, dass Stege zwischen den Flächen zu sehen sind. Wenn die Anordnung gefällt, werden die einzelnen Flächen aufgeklebt.
- Um ein mehrfarbiges Ei zu erhalten, müssen verschiedenfarbige Tonpapiere aufeinandergelegt und die Flächen miteinander ausgeschnitten werden. Anschließend werden die Farbflächen versetzt angeordnet.

Mögliche Ausweitung des Themas:

- Weitere Spaltschnitte, z. B. Herbstblätter, Gesichter, Nussknacker …

Querverbindungen:

- Ostergedicht/Osterlied auf die Innenseite der Karte schreiben

6.2 Unser Maibaum

Gestaltungsanlass:

1. Mai

Arbeitsbereich/grundlegendes Verfahren:

Räumliches Gestalten: Bauen

Gestaltungsgrundlagen/Ziele:

Aus einfachen Elementen wird ein Maibaum nachgestaltet; Verbindungstechniken

Zeitaufwand:

- mehrere Unterrichtsstunden (je nach Umfang)

Material:

- kommt ganz auf den Einfallsreichtum und den Fundus an,
- möglich wären: ein Kartenständer, Pappröhren, Holzleisten, farbige Bänder, ein Reifen vom Adventskranz, Krepppapier …

Betrachten:

- Maibäume

Gestaltungshinweise:

- Die Schüler überlegen, mit welchen Materialien sich ein Maibaum nachgestalten ließe, und sammeln solche.
- Ein Kartenständer als „Grundgerüst" bietet sich an. An ihm werden die Querverstrebungen, z. B. Pappröhren oder Holzleisten, befestigt.
- Das Ausschmücken erfolgt nach Belieben, z. B. mit einem bunten Kranz, Bändern, Blumen ...
- Am Maibaum werden dann die im Kapitel 9.1 beschriebenen Zunftzeichen befestigt. Unseren Maibaum haben wir, da natürlich nicht ganz wetterfest, in der Aula aufgestellt.

Mögliche Ausweitung des Themas:

- weitere räumliche Gestaltungen, z. B. Totempfahl, Turm, Brücke …
- Kapitel 9.1 Zunftzeichen für den Maibaum nachgestalten und erfinden

Querverbindungen:

- **Sachunterricht:** 1. Mai

6.3 Eine Kerze im Advent

Gestaltungsanlass:
Advent, Weihnachten

Arbeitsbereich/grundlegendes Verfahren:
Grafisches Gestalten: Drucken

Gestaltungsgrundlagen/Ziele:
Kennenlernen oder Üben einer neuen Technik; formatfüllendes Gestalten; Farbkontraste erleben

Zeitaufwand:
- ca. 2 Unterrichtsstunden

Material:
- Zeichenblatt DIN A4
- Deckfarben, Wassergefäß, Borstenpinsel
- Bleistift

Betrachten:
- brennende Kerze

Gestaltungshinweise:
- Die Schüler zeichnen formatfüllend eine Kerze mit Docht und Flamme auf das Blatt.
- Nun wird zuerst die Kerze im Fingerdruck mit einer möglichst kräftigen, leuchtenden Farbe ausgefüllt. Es ist darauf zu achten, dass die einzelnen Abdrücke dicht an dicht gesetzt werden und möglichst wenig Zwischenraum bleibt.
- Anschließend drucken die Schüler Docht und Kerze.
- Der Hintergrund wird mit schwarzer Farbe gedruckt.

Mögliche Ausweitung des Themas:
- weitere Gestaltungen im Fingerdruck, z. B. Kapitel 1.4: Ein Herbstbaum

Querverbindungen:
- Gedicht „Advent, Advent, ein Lichtlein brennt“
- Lieder, z. B. „Wie eine Kerze leuchtet“, „Wir sagen euch an“

6.4 Eine Weihnachtsmannfigur

Gestaltungsanlass:

Nikolaus; Weihnachten; Adventskalender

Arbeitsbereich/grundlegendes Verfahren:

Räumliches Gestalten: Bauen

Gestaltungsgrundlagen/Ziele:

Montieren von Einzelteilen zu einer Figur; Ausschmücken derselben

Zeitaufwand:

- 1–2 Unterrichtsstunden

Material:

- leere Klorolle
- rotes Krepppapier
- weißes Papier; eventuell Pappe
- Watte
- Geschenkband
- Stifte
- eventuell Glitzersterne o. Ä.

Betrachten:

- Abbildungen vom Weihnachtsmann

Gestaltungshinweise:

- Die leere Klorolle wird so mit einem Stück roten Krepppapiers beklebt, dass etwa 8–10 cm am oberen Rand überstehen.
- Das überstehende Papier wird mit einem Stück Geschenkband abgebunden.
- Auf ein ovales Stück weißen Papiers zeichnen die Schüler ein Gesicht auf und kleben dieses an den oberen Teil der Rolle.
- Haare und Bart werden aus Watte aufgeklebt.
- Der Weihnachtsmann kann noch Arme aus Pappe, einen Sack, eine Rute, einen Schlitten, Geschenke usw. erhalten und/oder z. B. mit Glitzersternen verziert werden.
- Die Weihnachtsmänner können gefüllt und als Adventskalender aufgestellt werden.
- Sollte der Weihnachtsmann gefüllt und verschenkt werden, muss der untere Teil der Klorolle verschlossen werden.

Mögliche Ausweitung des Themas:

- grafische/farbige Umsetzung des Themas: Weihnachtsmann
- Kapitel 6.5: Ein Kleines Nikolausspiel

Querverbindungen:

- **Religion/Ethik:** Nikolauslegende
- **Deutsch:** Nikolausgedichte
- **Musik:** Nikolauslieder

6.5 Ein kleines Nikolausspiel

Der beschenkte Nikolaus

Requisiten: Tisch, 2 Stühle, Teetasse, Plätzchenteller, Flasche mit Aufschrift „RUM“; Nikolaussack mit Päckchen

Klaus sitzt am Tisch,

Schüler stehen im Halbkreis darum herum, singen zur Einstimmung beliebiges Nikolauslied.

Nikolaus erscheint.

NIKOLAUS: Na, wie heißt du denn?

KLAUS: Klaus.

NIKOLAUS: Bist du im letzten Jahr auch brav gewesen?

KLAUS: Jaaaa, fast immer.

NIKOLAUS: Hast du auch in der Schule immer schön gelernt?

KLAUS: Aber natürlich. Eigentlich bräuchte ich gar nicht mehr zur Schule. Die Frau ________ / Der Herr __________ hat gesagt, wenn sie lauter solche wie mich hätten, könnten sie die Schule dicht machen.

NIKOLAUS: Soso. Und kannst du mir auch ein Gedicht aufsagen?

KLAUS: Selbstverständlich:
Lieber guter Nikolas,
bring den kleinen Kindern was.
Die großen lässt du laufen,
die können sich was kaufen!

NIKOLAUS: *schüttelt den Kopf*
Hm, hm. Weißt du kein anderes?

KLAUS: Bitte, kein Problem:
Lieber guter Nikolaus,
du bist jetzt bei mir zu Haus,
leere deinen Sack hier aus,
erst dann lass ich dich wieder raus.
(An dieser Stelle ist das Stück beliebig erweiterbar!)

NIKOLAUS: *räuspert sich*
Na ja, lassen wir es gut sein. Hier ist dein Geschenk.
greift in den Sack und gibt Klaus ein Päckchen

Klaus: Danke, Nikolaus.

Nikolaus: Auf Wiedersehen!
dreht sich um und will gehen

Klaus: Halt!

Nikolaus: *schaut sich erstaunt um*
Was ist?

Klaus: *stemmt die Hände in die Hüften*
Und was ist mit dir? Warst du im letzten Jahr auch brav?

Nikolaus: *verlegen*
Äh, so ziemlich.

Klaus: Kannst du mir auch ein schönes Gedicht aufsagen?

Nikolaus: Ja, also *(überlegt)*:
Liebes gutes braves Kind,
draußen geht ein kalter Wind,
bring mir einen Tee geschwind,
dass ich gut nach Hause find´.

Klaus: *salutiert*
Aye, aye, Sir. Setz dich schon mal hin.

Nikolaus: *setzt sich hin*

Klaus: *bringt Nikolaus Tee, Plätzchen und Rum, schenkt ihm ein*

Nikolaus: *wartet, bis Klaus wegschaut, schenkt sich noch mal Rum nach, trinkt und isst ein Plätzchen, steht dann auf*
Danke für den Tee.

Klaus: Bitte, gern geschehen. Und komm auch nächstes Jahr vorbei, dann beschenken wir uns wieder.

Nikolaus: *winkt, geht rückwärts zur (imaginären) Tür hinaus*
Natürlich, kleiner Nikolaus. Auf Wiedersehen!

Klaus: *winkt.*
Auf Wiedersehen, großer Nikolaus.

Nikolaus schwankt von dannen.

Zum Ausklang ist ein weiteres Nikolauslied möglich.

Natürlich kann das Stück beliebig erweitert/verändert werden – Ihre Schülerinnen und Schüler haben sicher noch mehr Ideen!

6.6 Ein Feuerwerk aus Zuckerkreide

Gestaltungsanlass:

Silvester

Arbeitsbereich/grundlegendes Verfahren:

Farbiges Gestalten: Malen

Gestaltungsgrundlagen/Ziele:

Farbdynamische Bewegungsspuren wahrnehmen und erzeugen

Zeitaufwand:

- 1–2 Unterrichtsstunden

Material:

- ½ l Wasser
- 4 gehäufte Esslöffel Zucker
- Tafelkreiden
- schwarzes Tonpapier (mindestens DIN A3)

Betrachten:

- Abbildungen von Feuerwerken

Gestaltungshinweise:

- Zuckerwasserlösung herstellen
- 20–30 Min. vor Gebrauch werden die Tafelkreiden in die Lösung gelegt. Getrocknete Kreide kann erneut eingeweicht und wieder verwendet werden.
- Mit den Zuckerkreiden wird nun das Feuerwerk auf schwarzes Papier gemalt. Mit den helleren Farben beginnen, später die dunkleren einsetzen.
- Farbe teilweise aufspritzen und auftropfen

Mögliche Ausweitung des Themas:

- weitere Bilder mit Zuckerkreide
- Feuerwerk in anderen Techniken

Querverbindungen:

- **Sachunterricht:** Silvester; Wünsche fürs neue Jahr

6.7 Grußkarten mit dem Computer

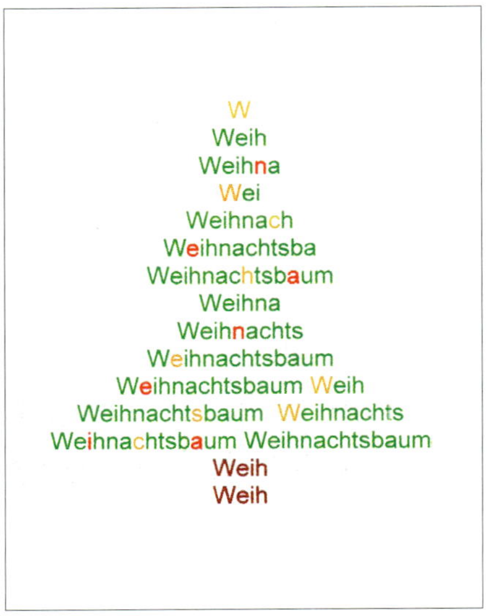

Gestaltungsanlass:

entsprechendes Fest

Arbeitsbereich/grundlegendes Verfahren:

Gestalten mit technisch-visuellen Medien: Gestalten mit dem Computer

Gestaltungsgrundlagen/Ziele:

Umsetzen eines Motivs in ein Piktogramm (Buchstaben oder Wörter werden zu einem Bild angeordnet, das die Bedeutung der verwendeten Sprachelemente ausdrückt); Grundlagen im Umgang mit dem Computer erwerben

Zeitaufwand:

- 1–2 Unterrichtsstunden

Material:

- Computer, Drucker, Papier

Betrachten:

- Abbildungen oben

Gestaltungshinweise:

- Die Schüler skizzieren ein Motiv, mit dem sie ihre Karte schmücken wollen, und versuchen, dies in Schrift umzusetzen. Anschließend wird der Text gefärbt.
- Möglich wäre auch, einen Glückwunschtext oder ein Gedicht in einem bestimmten Format zu schreiben.
- Benötigte Kenntnisse: Schreiben, Zentrieren, Markieren, Ändern der Farbe.

Mögliche Ausweitung des Themas:

- Gestalten weiterer Texte wie Einladungen, Plakate …

Querverbindungen:

- **Deutsch:** Konkrete Poesie

7.1 Mein Porträt

Gestaltungsanlass:

„Ich stelle mich vor"

Arbeitsbereich/grundlegendes Verfahren:

Farbiges Gestalten: Malen

Gestaltungsgrundlagen/Ziele:

Naturgetreue Darstellung des menschlichen Gesichts

Zeitaufwand:

- ca. 2–3 Unterrichtsstunden

Material:

- Zeichenblatt DIN A3
- Bleistift
- Wasserfarben, Pinsel, Wassergefäß
- Spiegel

Betrachten:

- Mitschüler; Spiegelbild

Gestaltungshinweise:

- Durch die Formatwahl DIN A3 ist es möglich, dass der dargestellte Kopf etwa natürliche Größe hat.
- Die Schüler betrachten sich und stellen dabei fest, dass ein Kopf nicht rund ist (wie meist gezeichnet), sondern oval wie ein Ei. Die Gesichtsfarbe wird ermischt (rot + Deckweiß) und damit das ganze Kopfoval und der Hals grundiert. Dabei ist darauf zu achten, dass dieser nicht zu dünn gemalt wird.
- Solange die Grundierung trocknet, werden die Gesichtsmerkmale und die Proportionen besprochen:
  - Die Schüler zeichnen meist die Augen viel zu hoch ein. Sie befinden sich jedoch etwa in der Mitte des Kopfes. Die Schüler sollen dies bei ihrem Banknachbarn einmal mit den Händen ausmessen.
  - Beim Betrachten der eigenen Augen mit einem Spiegel können die Schüler feststellen, dass die Augenlider die Pupille überschneiden und die Wimpern von den Außenkanten der Augenlider abgehen. Man kann aber in dieser Jahrgangsstufe auch auf eine Darstellung von Augenlidern verzichten.
  - Kinder malen die Ohren meist zu klein. Durch Betrachten oder Abtasten erfahren sie, dass diese ungefähr von der Höhe der Augen bis zur Höhe der Nasenspitze reichen.
- Die Schüler malen nun ihren Kopf mit Hilfe des Spiegels möglichst naturgetreu ab (Augenfarbe und Haarfarbe beachten, eventuell Brille, Frisur, Schmuck …).
- Der gemalte Kopf kann ausgeschnitten und auf ein farbiges Papier oder eine Tapete geklebt werden.
- Natürlich kann der Hintergrund auch selber ausgestaltet werden, z. B. getupft oder gemalt.

Mögliche Ausweitung des Themas:

- Verschiedene Spiegelthemen
- Erweiterung des Kopfes durch einen Körper (z. B. auf Zeitungsrollen malen)

Querverbindungen:

- **Sachunterricht/Religion/Ethik:** Ich

7.2 Schattenriss in Komplementärfarben

Gestaltungsanlass:
Gestalten mit den Komplementärfarben

Arbeitsbereich/grundlegendes Verfahren:
Grafisches Gestalten: Zeichnen

Gestaltungsgrundlagen/Ziele:
Genaues Zeichnen und Ausschneiden

Zeitaufwand:
- ca. 10–15 Min. für das Aufzeichnen

Material:
- Dia- oder Overheadprojektor oder andere Lichtquelle
- farbiges Tonpapier in den Primär- und Sekundärfarben, Klebstreifen
- Bleistift
- Schere, Kleber

Betrachten:
- fertiges Werk, z. B. von der Lehrkraft

Gestaltungshinweise:
- Als Voraussetzung werden die Grundfarben (Gelb, Rot, Blau), die Sekundärfarben (Orange, Grün, Violett) und die im Farbkreis gegenüberliegenden Komplementärfarben (Gelb – Violett; Rot – Grün; Blau – Orange) besprochen bzw. wiederholt.
- Jeder Schüler entscheidet sich für ein Gegensatzpaar und befestigt ein entsprechendes Tonpapier z. B. an der Wand, Tür oder Tafel. Mit der Lichtquelle wird das Profil des Schülers daraufgeworfen.
- Beim Abzeichnen der Umrisslinie helfen sich die Schüler gegenseitig. Da dies hintereinander geschehen muss und einige Zeit dauert, bietet es sich an, es als Vorbereitung über mehrere Tage zu verteilen.
- Die Silhouette wird ausgeschnitten und auf einen Hintergrund in der Komplementärfarbe geklebt.

Mögliche Ausweitung des Themas:
- Schattenbilder der ganzen Person auf großformatiges Papier, auf den Pausenhof oder auf eine leere Wand

Querverbindungen:
- **Sachunterricht/Religion/Ethik:** Ich

7.3 Leporello: Das bin ich

Gestaltungsanlass:

„Ich stelle mich vor“; Geschenk für Muttertag, Weihnachten …

Arbeitsbereich/grundlegendes Verfahren:

Malen, Zeichnen, Collagieren …

Gestaltungsgrundlagen/Ziele:

Überlegtes Anordnen von Schriftzeichen/Zeichnungen/ausgeschnittenen Gegenständen

Zeitaufwand:

- ca. 2 Unterrichtsstunden (ohne Schmuckpapier-Herstellung)

Material:

- Pappe für den Einband, ca. DIN A5 (auch andere Größen möglich)
- Farben oder Geschenkpapier/selbst hergestelltes Schmuckpapier
- Zeichenpapier
- Kleber
- Stifte, Zeitungsausschnitte, Fotos …

Betrachten:

- fertiges Leporello, z. B. vom Lehrer gestaltet
- Abbildungen Schülerarbeiten
- Gestaltungshinweise: Das Zeichenpapier wird in Streifen geschnitten (Höhe etwas geringer als Höhe des Einbandes) und ziehharmonikaförmig gefaltet; wenn gewünscht, können mehrere Streifen aneinandergeklebt werden.
- Die Schüler kleben den gefalteten Streifen innen an den Einband (= Pappe geknickt).
- Der Einband kann bemalt oder mit Papier (Geschenkpapier; selbst hergestelltes Schmuckpapier …) beklebt werden.
- Die beim Falten entstandenen „Seiten“ werden nun ausgestaltet: z. B. Name, Geburtsdatum und Adresse; Fotos, Bilder (mein Lieblingstier, -essen, Freund(in), unser Haus …)

Mögliche Ausweitung des Themas:

- Kapitel 16.1 in Band 2: Schaubild nach Piet Mondrian

Querverbindungen:

- **Sachunterricht/Religion/Ethik:** Meine Person

7.4 Meine Hände

Gestaltungsanlass:

„Ich stelle mich vor“ , „Unsere Klasse“, Geschenk für Muttertag, Weihnachten …

Arbeitsbereich/grundlegende Verfahren:

je nach Gestaltungswahl

Gestaltungsgrundlagen/Ziele:

Erweitern und Umgestalten von Umrissformen

Zeitaufwand:

- mehrere Unterrichtsstunden

Material:

- Zeichenblatt oder anderes Papier
- je nach Gestaltungswahl

Betrachten:

- Abbildungen der Schülerarbeiten

Gestaltungshinweise:

- Abdrücken der Hände mit dickflüssiger Farbe auf Papier oder
- Umrisszeichnen der Hände mit einem Bleistift, weiteres Ausgestalten, z. B.:
  - Muster zeichnen
  - farbig ausmalen (z. B. in einer Farbfamilie, in den Farben des Farbkreises, mit Komplementärfarben …
  - gestalten im Stil eines Künstlers (z. B. Hundertwasser, Otmar Alt …)
- Fotokopieren der Hände und weiteres Ausgestalten
- Die Hände können, wenn gewünscht, zu einem Klassen-Gemeinschaftsbild zusammengefügt werden.

Mögliche Ausweitung des Themas:

- ähnliches Gestalten mit den Füßen

Querverbindungen:

- **Sachunterricht/Religion/Ethik:** Meine Person

7.5 Darstellendes Spiel: Pantomime-Rätsel

1. Ratet mal, wer ich bin:

Ein Spieler denkt sich eine den anderen bekannte Person aus und spielt diese in einer kleinen Szene. Die Mitschüler müssen erraten, um wen es sich handelt.

Beispiele: Lehrer, Hausmeister, Metzger nebenan, berühmte Person …

2. Pantomime-Rätsel

a) Was esse ich gerade?

b) Welchen Gegenstand habe ich in der Hand?

c) Erkennst du mein Hobby?

d) Was ich alles kann

e) Heiteres Beruferaten

f) Im Zoo

g) Im Zirkus

h) Im Märchenland

i) Olympische Spiele

3. Pantomime – Ideen – Karten:

Verschiedene Vorschläge für pantomimische Szenen stehen auf Karten. Diese werden an die Schüler verteilt. Jeder hat einige Minuten Zeit, sich sein Pantomimenspiel zu überlegen. Die anderen müssen wieder erraten, worum es sich handelt.

Möglichkeiten:

- Du spielst mit Seifenblasen.
- Du findest einen Geldschein.
- Du bläst einen Luftballon auf und verknotest das Mundstück. Anschließend spielst du mit dem Ballon, bis er zerplatzt.
- Du gehst spazieren, plötzlich fängt es an zu regnen und du spannst deinen Schirm auf.
- Du gehst am Strand entlang und sammelst Muscheln.
- Du pflückst einen Blumenstrauß.
- Du wirfst jemandem einen Schneeball hinterher und musst dann ausreißen.
- …

Die Karten können beliebig erweitert werden.

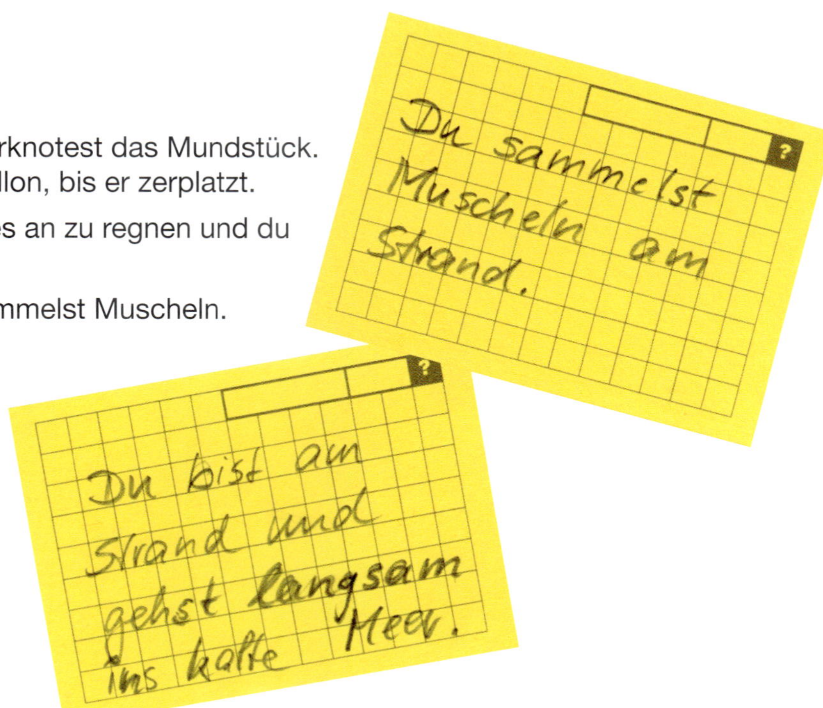

8.1 Wir spielen miteinander

Gestaltungsanlass:

Partnerspiele in der Freizeit, in der Pause, im Sport …

Arbeitsbereiche/grundlegende Verfahren:

Farbiges Gestalten: Malen;
Grafisches Gestalten: Zeichnen

Gestaltungsgrundlagen/Ziele:

Formatfüllendes Malen oder Zeichnen; Herstellung einer Beziehung zwischen zwei Bildfiguren

Zeitaufwand:

- ca. 1–2 Unterrichtsstunden

Material:

- Zeichenblock DIN A4 oder DIN A3
- Deckfarben oder farbige Stifte

Betrachten:

- Bilder und Fotos von Kinderspielen zu zweit

Gestaltungshinweise:

- Die Schüler erzählen, welche Spiele sie gerne mit ihrem Freund/ihrer Freundin spielen. Es werden eventuell weitere Spiele besprochen, die man zu zweit spielen kann.
- Die Schüler wählen eines aus und stellen sich und ihren Freund/ihre Freundin beim Spielen dar.
- Das grundlegende Verfahren kann vom Lehrer vorgegeben oder den Schülern freigestellt werden.
- Die Schüler sollen darauf achten, dass man erkennen kann, dass die dargestellten Personen miteinander spielen.

Mögliche Ausweitung des Themas:

- Ich spiele allein/Spiele in der Gruppe

Querverbindungen:

- **Sachunterricht/Sport:** Spiele/Spielregeln/ richtiges Verhalten in der Pause

8.2 Mein Banknachbar und ich

Gestaltungsanlass:

Zusammenleben in der Schule/Freundschaft

Arbeitsbereich/grundlegendes Verfahren:

Farbiges Gestalten: Malen

Gestaltungsgrundlagen/Ziele:

Formatfüllendes Malen; Einhalten der Proportionen; Verdeutlichen einer Situation; Erzielen einer Kontrastwirkung

Zeitaufwand:

- ca. 2–4 Unterrichtsstunden

Material:

- Zeichenblatt DIN A4
- Wasserfarben, Wassergefäß, Pinsel

Betrachten:

- Banknachbar; Spiegelbild

Gestaltungshinweise:

- Beim Malen beginnen die Schüler am besten mit dem Tisch (nicht ganz bis zur Hälfte des Blattes).
- Die Figuren können bei einer Tätigkeit (sich melden, lesen, schreiben ...) oder mit verschränkten Armen dargestellt werden. Dabei entscheiden die Schüler selbst, mit welchem Körperteil sie beginnen.
- Anschließend wird der Hintergrund ausgemalt (auf Kontrastwirkung achten!).

Mögliche Ausweitung des Themas:

- Kapitel 8.1/8.3

Querverbindungen:

- **Sachunterricht/Religion/Ethik:** Zusammenleben in der Schule/Freundschaft

8.3 Darstellendes Spiel: Spielformen zu zweit

Aufwärmspiele

(Die Kinder finden sich zu Paaren zusammen und bekommen Aufgaben gestellt.)

- Ein sehr vornehmes Paar promeniert die Straße entlang.
- Zwei Schüler kommen zu spät zur Schule.
- Zwei Diebe schleichen durchs Zimmer.
- Zwei Hundebesitzer gehen zusammen spazieren.
- Zwei Klatschweiber treffen sich.
- …

Schaufensterpuppe

Ein Schaufensterdekorateur stellt eine Schaufensterpuppe auf. Er biegt und beugt sie hin und her, verändert hier und dort etwas. Ab und zu geht er einen Schritt zurück, um sein Werk zu betrachten. Er setzt der Puppe einen Hut auf, zieht ihr etwas an und gibt ihr verschiedene Requisiten in die Hand. Endlich ist er fertig und geht zufrieden fort.

Beim Friseur

Ein Kunde (bzw. eine Kundin) betritt den Salon. Er wird höflich begrüßt und zum (vorhandenen) Stuhl geleitet. Nach einem kurzen Gespräch wird er freundlich bedient. Welche Laune hat der Kunde? Wie ist er mit dem Haarschnitt zufrieden? Was kann in einem Salon alles passieren?

Überreichen

Ein Spieler bringt dem anderen (pantomimisch) etwas und überreicht es ihm. Der andere hantiert mit dem Gegenstand so, dass die Zuschauer erkennen, was es ist.

Werfen

Zwei Spieler werfen sich etwas zu; die anderen sollen erkennen, was es ist: z. B. ein Ball, ein Luftballon, ein schweres Paket, ein Hut, eine Frisbeescheibe, ein Schokokuss, …

Spiegelspiel

Zwei Darsteller stehen sich gegenüber. Der eine spielt eine Person, die vor dem Spiegel steht, der andere ist der Spiegel und muss alle Bewegungen spiegelbildlich nachmachen, z. B.:

- Zähne putzen
- schminken
- frisieren
- Grimassen schneiden
- …

9.1 Zunftzeichen für den Maibaum

Gestaltungsanlass:

Maibaum (1. Mai); Berufe

Arbeitsbereich/grundlegendes Verfahren:

Grafisches Gestalten: Zeichnen

Gestaltungsgrundlagen/Ziele:

Detailgenaues Abzeichnen; Entwerfen eines eigenen Symbols

Zeitaufwand:

- ca. 1–2 Unterrichtsstunden (ohne Unterrichtsgang)

Material:

- Schablone für Zunftzeichen (Seite 48)
- farbige Stifte und Kreiden

Betrachten:

- Maibaum oder Abbildungen davon

Gestaltungshinweise:

- Als Einstieg bietet sich ein Unterrichtsgang zum Maibaum an oder alternativ das Betrachten von Abbildungen (z. B. Zunftzeichen im Internet).
- Die vorhandenen Zunftzeichen werden gedeutet: Werkzeug bzw. Produkt stehen für einen Beruf.
- Die Schüler zeichnen mit Hilfe der Schablone den Umriss für ihr Zunftzeichen auf.
- Anschließend zeichnen sie ein vorhandenes Zunftzeichen ab oder gestalten ein eigenes.

Mögliche Ausweitung des Themas:

- Kapitel 6.2: Unser Maibaum

Querverbindungen:

- **Sachunterricht:** Verschiedene Berufe/Mein Traumberuf

Kopiervorlage

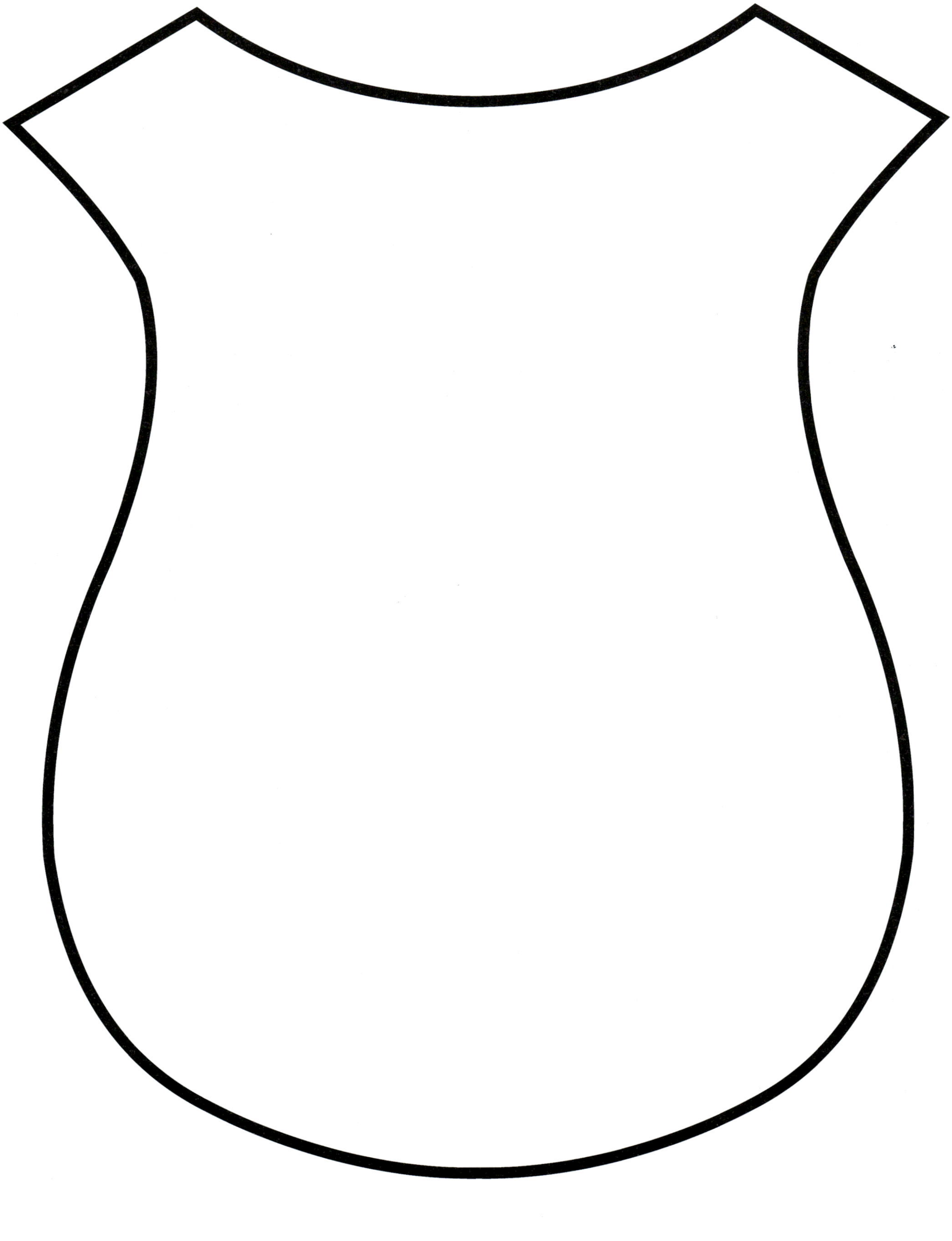

9.2 Sportsignets zeichnen

Gestaltungsanlass:

Sportfest; Olympiade …

Arbeitsbereich/grundlegendes Verfahren:

Grafisches Gestalten: Tintenkillerradierung

Gestaltungsgrundlagen/Ziele:

Erkennen der wesentlichen Merkmale einer Sportart; Umsetzen in ein einfaches Zeichen; sorgfältiges Arbeiten

Zeitaufwand:

- ca. 1 Unterrichtsstunde

Material:

- Blockblatt, Bleistift
- quadratisches weißes Papier, ca. 8–10 cm Seitenlänge (z. B. vom Notizblock)
- blaue Tinte
- Tintenkiller

Betrachten:

- Sportsignets, z. B. in Büchern

Gestaltungshinweise:

- Die Schüler stellen beim Betrachten fest, dass die Sportart auf dem Signet nur auf das Wesentliche beschränkt ist (Sportler sind Strichmännchen, eindeutige Körperhaltung; Sportgerät).
- Das weiße quadratische Papier wird mit blauer Tinte (Borstenpinsel) eingefärbt.
- Während die Tinte trocknet, skizzieren die Schüler die Sportart mit Bleistift auf dem Block.
- Anschließend wird das Signet der Skizze gemäß mit dem Tintenkiller auf das Blatt gezeichnet. Dabei müssen die Schüler genau und sorgfältig arbeiten, da eine Korrektur kaum möglich ist.

Mögliche Ausweitung des Themas:

- Die einzelnen Signets können zu einem Gesamtbild zusammengestellt werden.
- Der Entwurf kann auch auf andere Art und Weise umgesetzt werden (z. B. im Polystyroldruck; mit Hilfe einer Schablone auf ein T-Shirt …)
- Entwerfen weiterer Signets, z. B. für die einzelnen Räume der Schule …

Querverbindungen:

- **Ratestunde:** Welcher Sport ist dargestellt?
- **Deutsch:** Meine Lieblingssportart beschreiben

10.1 Ein buntes Namensschild

Gestaltungsanlass:

Schulanfang

Arbeitsbereich/grundlegendes Verfahren:

Grafisches Gestalten: Zeichnen

Gestaltungsgrundlagen/Ziele:

Originelle und reichhaltige Ausgestaltung; übersichtliche Anordnung und Gestaltung

Zeitaufwand:

- ca. 2 Unterrichtsstunden

Material:

- Zeichenblätter DIN A4
- Bleistift, Filzstifte
- Kleber

Betrachten:

- Schmuckbuchstaben, z. B. aus der Werbung
- Computerschriften (z. B. Khaki, MOJO)
- Buchstaben von Künstlern, z. B. Otmar-Alt-ABC, Schrift von Niki de Saint Phalle)

Gestaltungshinweise:

- Zu Schuljahresbeginn wird ein Namensschild benötigt – es soll dekorativ, aber auch gut lesbar sein.
- Nach dem Betrachten verschiedener Schmuckschriften entwerfen die Schüler eigene Buchstaben (mit Mustern, Blumen, Händen und Füßen …).
- Wenn ihnen eine Gestaltung gefällt, versuchen sie, ihren ganzen Namen in diesem Stil zu schreiben (Größe des Entwurfs: eine viertel DIN-A4-Seite); wichtig: Buchstaben nicht zu dünn, lieber Staffelung oder Namensabkürzung).
- Das Namensschild entsteht aus einem DIN-A4-Blatt, das so gefaltet wird, dass im Hochformat 4 Felder entstehen.
- Der Entwurf wird auf das 3. Feld von oben durchgepaust (kann am Fenster geschehen) und farbig gestaltet.
- Zum Schluss werden das obere und das untere Feld nach hinten umgeklappt und übereinandergeklebt, so dass ein prismaförmiges Schild entsteht.

Mögliche Ausweitung des Themas:

- Entwickeln eines ganzen ABCs aus der Schrift
- Weitere Gestaltungen (Hefte beschriften, Türschild …)

Querverbindungen:

- **Religion/Ethik:** Sich selbst entdecken

10.2 Mein Schreibschrift-Namen-Bild

Gestaltungsanlass:

Bildliche Mitteilung über die eigene Person

Arbeitsbereich/grundlegendes Verfahren:

Grafisches Gestalten: Gestalten mit Schriftzeichen (und Ausmalen)

Gestaltungsgrundlagen/Ziele:

Rhythmische Gliederung einer Fläche; passende farbige Ausgestaltung

Zeitaufwand:

- ca. 1–3 Unterrichtsstunden (je nach Größe)

Material:

- Zeichenblatt DIN A5 bis DIN A3
- Bleistift, Lineal
- Stifte
- eventuell Deckfarben, Pinsel, Wassergefäß

Betrachten:

- Abbildungen der Schülerarbeiten bzw. Werk der Lehrkraft

Gestaltungshinweise:

- Die Schüler betrachten ein fertiges Werk und überlegen, wie dieses zustande gekommen ist.
- Mit Lineal und Bleistift wird das Zeichenblatt in einzelne Felder (Zeilen) zerlegt.
- Nun wird auf das Zeichenblatt der Name so geschrieben, dass kein Raum mehr dazwischen ist. Die Buchstaben haben dabei alle die gleiche Größe (d. h. Buchstaben ohne Oberlänge müssen nach oben verlängert werden). Es ist sinnvoll, erst mit dem Bleistift vorzuschreiben und dann mit Buntstift, Filzstift oder Wachsmalkreide nachzuspuren.
- Die entstandenen Felder werden nun farbig ausgemalt (mit farbigen Stiften oder bei einem größeren Format auch mit Deckfarben). Dabei sollte man sich auf einige Farben beschränken und darauf achten, dass aneinanderstoßende Felder nicht mit der gleichen Farbe ausgemalt werden.

- Die entstandenen Werke können gerahmt werden.

Mögliche Ausweitung des Themas:

- Umschlag der Kunstmappe damit beziehen
- eine ähnliche Gestaltung als Glückwunschkarte (Frohe Weihnachten, Frohe Ostern, Alles Gute …)
- weitere Gestaltungen mit dem Namen

Querverbindungen:

- **Religion/Ethik:** Sich selbst entdecken

10.3 Bildwörter

Gestaltungsanlass:

beliebig, je nach Thema

Arbeitsbereich/grundlegendes Verfahren:

Grafisches Gestalten: Zeichnen

Gestaltungsgrundlagen/Ziele:

Erkennen, dass ein Bildwort die Bedeutung des Wortes ausdrückt; Bildwörter interpretieren und gestalten

Zeitaufwand:

- ca. 1 Unterrichtsstunde

Material:

- Folie mit Bildwörtern
- Zeichenblatt DIN A4
- Stifte

Betrachten:

- Abbildungen in Lesebüchern; Abbildungen der Schülerarbeiten

Gestaltungshinweise:

- Beim Betrachten von Bildwörtern (Ideogrammen) stellen die Schüler fest, dass durch dieses Bildwort die Bedeutung des Wortes ausgedrückt wird.
- Folgende ideogrammatische Elemente kommen zum Einsatz:
  - Die Farbe **HERBST**
  - Der Bildersatz: **M☺ND**
  - Die Anordnung: **T R E P P E**
  - Die Schriftveränderung: **ES WIRD KALT**
- Die Schüler sammeln zu einem bestimmten Thema (z. B. Herbst, Weihnachten, Wasser …) Wörter und stellen mit Hilfe der genannten Elemente Bildwörter her.
- Diese können zusammen auf ein Plakat geklebt werden.
- Eine weitere Möglichkeit besteht darin, bei einem Wort (z. B. Herbst) die einzelnen Buchstaben als passende Bilder zu malen (bunte Blätter, Drachen, Äpfel, Nüsse, Regentropfen, Regenschirme …).

Mögliche Ausweitung des Themas:

- Piktogramme (Sehgedichte): siehe Kapitel 6.7: Grußkarten mit dem Computer

Querverbindungen:

- **Deutsch:** Konkrete Poesie

10.4 Namen mit dem Computer gestalten: Word

Gestaltungsanlass:

Bildliche Mitteilung über die eigene Person; Übungen im Informatikunterricht

Arbeitsbereich/grundlegendes Verfahren:

Gestalten mit technisch-visuellen Medien: Erproben der Computerschrift

Gestaltungsgrundlagen/Ziele:

Grundlagen im Umgang mit dem Computer erwerben (Formatieren von Schrift)

Zeitaufwand:

- ca. 1–2 Unterrichtsstunden

Material:

- Computer mit Microsoft Word Programm
- Drucker, Papier

Betrachten:

- Abbildungen der folgenden Seiten

Gestaltungshinweise:

- Wenn die Schüler schon gut mit Microsoft Word vertraut sind, kann das Thema lauten: Gestalte deinen eigenen Namen. Du kannst die Schriftgröße verändern, verschiedene Schriften auswählen, die Schrift beliebig anordnen, usw.
- Es bietet sich jedoch auch an, während eines Informatikkurses die einzelnen Inhalte so einzeln umzusetzen und zu üben:
  - Schreibe deinen Namen und verändere dabei die Schriftgröße!
  - Schreibe deinen Namen in verschiedenen Schriftarten!
  - Schreibe deinen Namen und ordne die Buchstaben unterschiedlich an!
  - Gestalte mit deinem Namen ein Muster in verschiedenen Farben!

Mögliche Ausweitung des Themas:

- Kapitel 12.06 in Buch 2: Gestalten mit WordArt

Querverbindungen:

- **Informatikunterricht:** Schrift formatieren
- **Religion/Ethik:** Sich selbst entdecken

Eine Schriftart – verschiedene Größen

Uschi Gareis

Uschi Gareis

Uschi Gareis

Uschi Gareis

Uschi Gareis

Uschi Gareis

Uschi Gareis

Uschi Gareis

Uschi Gareis

Uschi Gareis

Verschiedene Schriftarten

Uschi Gareis

USCHI GAREIS

Uschi Gareis

Uschi Gareis

USCHI GAREIS

Uschi Gareis

USCHI GAREIS

Verschiedene Anordnungen

U
S
C
H
I

G
A
R
E
I
S

SIERAG IHCSU

U
S
C
H
I G
A
R
E
I
S

U S C H I
S H
C C
H S
I H C S U

USCHI
GAREIS

U C I G R I
S H A E S

Gestaltungsvorschlag

Mit Farbe gestalten

USCHIGAREISUSCHIGAREISUSCHIGAREISUSCHIGAREISUSCHIGAREIS
USCHIGAREISUSCHIGAREISUSCHIGAREISUSCHIGAREISUSCHIGAREIS
USCHIGAREISUSCHIGAREISUSCHIGAREISUSCHIGAREISUSCHIGAREIS
USCHIGAREISUSCHIGAREISUSCHIGAREISUSCHIGAREISUSCHIGAREIS
USCHIGAREISUSCHIGAREISUSCHIGAREISUSCHIGAREISUSCHIGAREIS
USCHIGAREISUSCHIGAREISUSCHIGAREISUSCHIGAREISUSCHIGAREIS
USCHIGAREISUSCHIGAREISUSCHIGAREISUSCHIGAREISUSCHIGAREIS
USCHIGAREISUSCHIGAREISUSCHIGAREISUSCHIGAREISUSCHIGAREIS
USCHIGAREISUSCHIGAREISUSCHIGAREISUSCHIGAREISUSCHIGAREIS
USCHIGAREISUSCHIGAREISUSCHIGAREISUSCHIGAREISUSCHIGAREIS
USCHIGAREISUSCHIGAREISUSCHIGAREISUSCHIGAREISUSCHIGAREIS
USCHIGAREISUSCHIGAREISUSCHIGAREISUSCHIGAREISUSCHIGAREIS
USCHIGAREISUSCHIGAREISUSCHIGAREISUSCHIGAREISUSCHIGAREIS
USCHIGAREISUSCHIGAREISUSCHIGAREISUSCHIGAREISUSCHIGAREIS
USCHIGAREISUSCHIGAREISUSCHIGAREISUSCHIGAREISUSCHIGAREIS
USCHIGAREISUSCHIGAREISUSCHIGAREISUSCHIGAREISUSCHIGAREIS
USCHIGAREISUSCHIGAREISUSCHIGAREISUSCHIGAREISUSCHIGAREIS
USCHIGAREISUSCHIGAREISUSCHIGAREISUSCHIGAREISUSCHIGAREIS
USCHIGAREISUSCHIGAREISUSCHIGAREISUSCHIGAREISUSCHIGAREIS
USCHIGAREISUSCHIGAREISUSCHIGAREISUSCHIGAREISUSCHIGAREIS
USCHIGAREISUSCHIGAREISUSCHIGAREISUSCHIGAREISUSCHIGAREIS
USCHIGAREISUSCHIGAREISUSCHIGAREISUSCHIGAREISUSCHIGAREIS
USCHIGAREISUSCHIGAREISUSCHIGAREISUSCHIGAREISUSCHIGAREIS
USCHIGAREISUSCHIGAREISUSCHIGAREISUSCHIGAREISUSCHIGAREIS
USCHIGAREISUSCHIGAREISUSCHIGAREISUSCHIGAREISUSCHIGAREIS
USCHIGAREISUSCHIGAREISUSCHIGAREISUSCHIGAREISUSCHIGAREIS
USCHIGAREISUSCHIGAREISUSCHIGAREISUSCHIGAREISUSCHIGAREIS
USCHIGAREISUSCHIGAREISUSCHIGAREISUSCHIGAREISUSCHIGAREIS
USCHIGAREISUSCHIGAREISUSCHIGAREISUSCHIGAREISUSCHIGAREIS
USCHIGAREISUSCHIGAREISUSCHIGAREISUSCHIGAREISUSCHIGAREIS
USCHIGAREISUSCHIGAREISUSCHIGAREISUSCHIGAREISUSCHIGAREIS
USCHIGAREISUSCHIGAREISUSCHIGAREISUSCHIGAREISUSCHIGAREIS
USCHIGAREISUSCHIGAREISUSCHIGAREISUSCHIGAREISUSCHIGAREIS
USCHIGAREISUSCHIGAREISUSCHIGAREISUSCHIGAREISUSCHIGAREIS
USCHIGAREISUSCHIGAREISUSCHIGAREISUSCHIGAREISUSCHIGAREIS
USCHIGAREISUSCHIGAREISUSCHIGAREISUSCHIGAREISUSCHIGAREIS

10.5 Ein Buchstaben-Suchspiel

Gestaltungsanlass:

Ende des Leselernprozesses; Einführung des Alphabets; Lesewoche; Schulfest

Arbeitsbereich/grundlegende Verfahren:

Räumliches Gestalten: Formen, Bauen, Collagieren

Gestaltungsgrundlagen/Ziele:

Herstellen einer Beziehung zwischen Buchstabe und Wort; bildliche Umsetzung

Zeitaufwand:

- je nach Organisation

Material:

- mögliche Materialien (siehe Arbeitsblatt Seite 57)

Betrachten:

- Schülerarbeiten

Gestaltungshinweise:

- Z. B. bei einem Schulfest kann man mit einer 1. Klasse auf dem Schulgelände ein Buchstaben-Suchspiel für die Besucher durchführen.
- Zuerst überlegen sich die Schüler, aus welchen Materialien sie die Buchstaben gestalten könnten (siehe Arbeitsblatt Seite 57).
- Jeder Schüler bzw. eine Gruppe erhält einen Buchstaben und entscheidet sich für eine Möglichkeit.
- So entsteht z. B. ein F aus gezeichneten Fahnen, ein K aus aufgeklebten Knöpfen, ein I aus Igelbildern (an eine Tür geklebt), ein B aus im Rasen aufgelegten Blüten, ein P aus auf einen Draht aufgefädelten Holzperlen usw. Lediglich beim Y, skulptiert aus einem Ytong-Stein, muss die Lehrerin nachhelfen.
- Die entstandenen Buchstaben werden im Schulhaus und auf dem Schulgelände versteckt.
- Die Besucher des Schulfestes erhalten ein Suchblatt, auf das sie eintragen müssen, aus welchen Gegenständen die Buchstaben nachgebildet waren. Das macht allen riesigen Spaß!

Querverbindungen:

- **Deutsch:** Das ABC

Arbeitsblatt

Aus welchen Sachen oder welchem Material könnten wir unsere Buchstaben gestalten?

A Äste, Angeln, Apfelsinen

B Blätter, Bälle, Briefe, Blumen

C Cent, Creme, CD

D Dosen, Dominosteine, Draht

E Euro, Erbsen

F Früchte, Fahnen

G Geld, Gespenster

H Herzen

I Igel

J Jojos

K Kämme, Kerzen, Knöpfe

L Leitern, Lutscher, Lineale

M Messer, Mohrenköpfe, Muscheln

N Nägel, Nudeln, Nüsse

O Orangen, Ostereier, Ohrringe, Obst

P Pappe, Papier, Pakete, Perlen

Q Quadrate

R Radiergummis

S Stifte, Steine, Sand

T Tannen, Tücher

U Uhren

V Vasen, Verband, Verkehrsschilder

W Wasser, Würfel, Wolle

X Xylofone

Y Ytong-Stein

Z Zahnpasta, Zahnbürsten

11.1 Bunte Luftballons

Gestaltungsanlass:

Rummelplatz, Wiesenfest; Fasching

Arbeitsbereich/grundlegendes Verfahren:

Farbiges Gestalten: Malen

Gestaltungsgrundlagen/Ziele:

Einführung in das Malen mit Wasserfarben

Zeitaufwand:

- ca. 1–2 Unterrichtsstunden

Material:

- Zeichenblock DIN A3
- Wasserfarben, Wassergefäß, Borstenpinsel
- Malkittel, Mallappen, Zeitungspapier
- Papiertaschentücher

Betrachten:

- Luftballons

Gestaltungshinweise:

- Das Motiv ist einfach und von jedem Kind zu bewältigen. Deshalb kann hier vermehrt auf die Technik eingegangen werden.
- Vor dem Malen werden die einzelnen Regeln besprochen:
  - Schultasche schließen und wegräumen,
  - Malkittel anziehen,
  - Tisch mit Zeitungspapier abdecken, Malsachen herrichten,
  - Ein Schüler teilt das Wasser mit Hilfe einer Gießkanne aus.
  - Die Farben „schlafen“ noch in ihren Schälchen und müssen aufgeweckt werden. Dies geschieht mit Hilfe von Wasser und einem dicken Borstenpinsel.
  - Wenn eine neue Farbe verwendet werden soll, muss der Pinsel ausgewaschen werden.
  - Die Farben können untereinander gemischt werden. Dies geschieht im Deckel des Farbkastens, nicht in den Schälchen.
- Die Schüler malen einige Luftballons auf das Blatt, die sie aus dem Fleck heraus entwickeln. Diese können, wenn sie getrocknet sind, noch verziert werden.
- Der Hintergrund kann mit einem geknüllten Papiertaschentuch getupft oder mit Luftschlangen verziert werden.

Mögliche Ausweitung des Themas:

- Weiteres mögliches Thema zur Einführung der Wasserfarben:
- Kapitel 1.1: Ein Dorf im Schneetreiben

Querverbindungen:

- **Deutsch:** Vom Rummelplatz/Fasching erzählen

11.2 Eine Märchenstadt

Gestaltungsanlass:

Märchen, Fantasiegeschichte

Arbeitsbereich/grundlegendes Verfahren:

Farbiges Gestalten: Collagieren

Gestaltungsgrundlagen/Ziele:

Klare und differenzierte Gliederung der Flächen; fantasievolle, geschlossene und formatfüllende Gestaltung

Zeitaufwand:

- ca. 2 Unterrichtsstunden

Material:

- schwarzes Tonpapier DIN A4
- Seidenpapiere
- Schere
- Klebestift

Betrachten:

- Abbildungen der Schülerarbeiten

Gestaltungshinweise:

- Die Schüler stellen Überlegungen an, wie eine Märchenstadt aussehen könnte (Mauern Türme, Fenster, Tore, schön bunt …)
- Aus dem Seidenpapier werden bunte Dreiecke und Vierecke ausgeschnitten und zu einer Märchenstadt zusammengestellt.
- Beim Aufkleben ist darauf zu achten, dass die Einzelteile dicht an dicht geklebt werden, dass die Häuser nicht zu klein geraten und dass das Format gut gefüllt wird.

Querverbindungen:

- **Deutsch:** Märchen lesen
- **Kreatives Schreiben:** Fantasiegeschichte

11.3 Ein Fantasietier

Gestaltungsanlass:

Namenwörter für Tiere; Wolpertinger

Arbeitsbereich/grundlegendes Verfahren:

Grafisches Gestalten: Zeichnen

Gestaltungsgrundlagen/Ziele:

Gestaltklärendes Zeichnen; Binnendifferenzierung

Zeitaufwand:

- ca. 1–2 Unterrichtsstunden

Material:

- Zeichenblatt DIN A4
- farbige Stifte

Betrachten:

- eventuell Abbildungen von Wolpertingern

Gestaltungshinweise:

- „Wir haben nun viele Namen für Tiere kennengelernt. Gestalte nun ein Fantasietier, in dem Teile vieler verschiedener Tiere vorkommen."
- Die Schüler überlegen sich, von welchen Tieren sie die Körperteile verwenden (eventuell Notation).
- Mit dem Körper beginnend gestalten sie nun das Fantasietier. Die Körperteile können noch grafisch strukturiert werden.
- Die Schüler können ihr Blatt beschriften oder aber es als Rätselblatt verwenden und die Mitschüler raten lassen.

Mögliche Ausweitung des Themas:

- ähnliches Gestalten mit Pflanzen

Querverbindungen:

- **Deutsch:** Namenwörter/Nomen/Substantive für Tiere

11.4 Prinz Eisig und Prinzessin Sonnig

Gestaltungsanlass:

Fasching; Winter

Arbeitsbereich/grundlegendes Verfahren:

Farbiges Gestalten: Malen

Gestaltungsgrundlagen/Ziele:

Einführung in kalte und warme Farben; formatfüllendes Malen; Binnendifferenzierung

Zeitaufwand:

- ca. 2–3 Unterrichtsstunden

Material:

- schwarzes Tonpapier DIN A4 oder DIN A3
- Zeichenblatt DIN A5 oder DIN A4
- Deckfarben, Wassergefäß, Pinsel
- Schere, Kleber

Betrachten:

- Abbildungen von Prinzen/Prinzessinnen (z. B. in Märchenbüchern); Abbildungen der Schülerarbeiten

Gestaltungshinweise:

- Als Einstieg könnte eine Erzählung stehen: Prinz Eisig ist in seinem Winterreich immer nur von kalten Farben umgeben. Er sehnt sich nach einer „warmen“ Umgebung, bis er eines Tages Prinzessin Sonnig begegnet.
- An einem Tag wird der Prinz auf ein Zeichenblatt gemalt (Besprechen: kalte Farben, Ausgestaltung),
- an einem anderen die Prinzessin (Besprechen: warme Farben, Ausgestaltung).
- Beim Malen können die Schüler mit dem Kopf oder mit dem Körper beginnen. Falls ein Vorzeichnen nötig ist, erfolgt dies mit gelber Deckfarbe. Wichtig ist eine sorgfältige Ausführung der Gesichtszüge sowie eine ausführliche Musterung der Kleidung.
- Die fertigen Figuren werden ausgeschnitten und zusammen auf das schwarze Tonpapier geklebt.

Mögliche Ausweitung des Themas:

- Das Schloss von Prinz Eisig/von Prinzessin Sonnig

Querverbindungen:

- **Freies Verschriften:** Wie geht die Geschichte mit den beiden weiter?

12.1 Bildergeschichte

Gestaltungsanlass:

Lesen eines Buches/Theaterbesuch/Filmbesuch

Arbeitsbereich/grundlegendes Verfahren:

Grafisches Gestalten: Zeichnen

Gestaltungsgrundlagen/Ziele:

Umsetzen einer Geschichte in Einzelszenen; detaillierte Darstellung

Zeitaufwand:

- mehrere Unterrichtsstunden

Material:

- Zeichenblätter DIN A4 oder DIN A3
- Stifte

Betrachten:

- Abbildungen der Schülerarbeiten

Gestaltungshinweise:

- Zuerst überlegen sich die Schüler, in wie viele Einzelszenen sie die Geschichte zerlegen wollen.
- Es gibt verschiedene Möglichkeiten der Darstellung:
  - Ein Schüler/mehrere Schüler gestalten einzelne Bilder und vereinigen diese zu einem Fries.
  - Ein Zeichenblatt wird in entsprechend viele Einzelfelder zerlegt und diese werden dann ausgestaltet (mit oder ohne Text).
  - Die Geschichte wird als Leporello gestaltet (mit oder ohne Text); Herstellung siehe Kapitel 7.3 Leporello: Das bin ich
  - Ein kleines Büchlein wird folgendermaßen gestaltet:
    Ein Zeichenblatt wird durch Falten in 8 Felder geteilt.

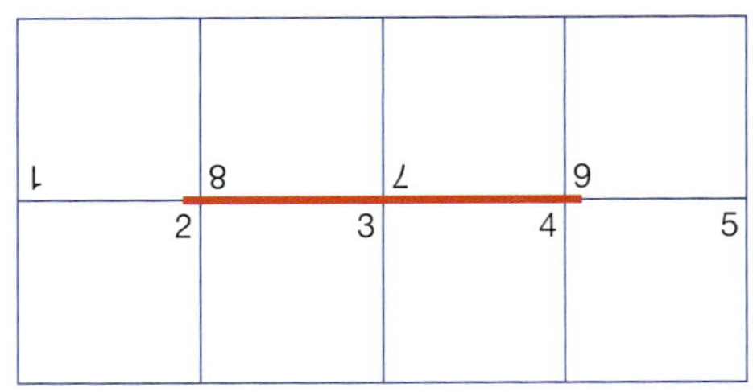

  - Die markierten Faltungen werden aufgeschnitten, die Felder 1/2 und 6/5 ziehharmonikaartig aufeinander zu geschoben und alles zu einem Buch gefaltet.
  - Wichtig beim Bemalen bzw. Beschriften ist die Reihenfolge (siehe Abbildung).

Mögliche Ausweitung des Themas:

- Gestalten weiterer Geschichten, z. B. aus der Bibel

Querverbindungen:

- **Kreatives Schreiben:** Geschichte verfassen

12.2 Mit der Zeitmaschine unterwegs

Gestaltungsanlass:

beliebig

Arbeitsbereich/grundlegendes Verfahren:

Grafisches Gestalten: Zeichnen

Gestaltungsgrundlagen/Ziele:

Entwickeln eines technischen Gegenstands; Binnendifferenzierung

Zeitaufwand:

- ca. 3–4 Unterrichtsstunden

Material:

- Zeichenblock DIN A3
- Bleistift, Buntstifte oder Filzstifte

Betrachten:

- Abbildungen der Schülerarbeiten; verschiedene technische Geräte, Fluggeräte

Gestaltungshinweise:

- Erzählen einer Fantasiegeschichte: Ein Erfinder hat eine Zeitmaschine entwickelt, mit der man in die Vergangenheit oder in die Zukunft reisen kann.
- Die Schüler beschreiben, wie die Maschine aussehen könnte.
- Die Schüler berichten, wohin sie mit ihrer Zeitmaschine reisen möchten (z. B. in die Urzeit, ins Alte Ägypten, in die Ritterzeit, in den Wilden Westen, in die Zukunft …) und wie es dort aussieht.
- Zuerst skizzieren sie mit Bleistift die Zeitmaschine; diese wird dann grafisch ausgestaltet. Der Hintergrund soll eine Geschichte erzählen und wird deshalb besonders sorgfältig und mit vielen Einzelheiten gestaltet.

Mögliche Ausweitung des Themas:

- Räumliches Umsetzen einer Zeitmaschine

Querverbindungen:

- **Kreatives Schreiben:** Was ich auf meiner Reise mit der Zeitmaschine erlebe

12.3 Ein Feuerdrache

Gestaltungsanlass:
Drachengeschichten; Fantasieerzählung

Arbeitsbereich/grundlegendes Verfahren:
Farbiges Gestalten: Malen

Gestaltungsgrundlagen/Ziele:
Ermischen vielfältiger Farbtöne; Verdeutlichung einer Oberflächenstruktur; Erleben der Kontrastwirkung

Zeitaufwand:
- ca. 2–3 Unterrichtsstunden

Material:
- Zeichenblatt DIN A3
- Deckfarben, Wassergefäß, Borstenpinsel

Betrachten:
- Nicht nötig; eigene Vorstellungen umsetzen

Gestaltungshinweise:
- Als Einstieg kann eine Fantasieerzählung dienen: Ein Forscher findet tief versteckt im Urwald einen glühenden, feuerspeienden Drachen.
- Die Schüler beginnen mit dem Drachen. Sie gestalten ihn aus dem Fleck heraus in warmen Farben. Es erfolgt eine Strukturierung durch weitere Farben.
- Anschließend wird der grüne Urwald gestaltet. Dafür ist es wichtig, möglichst viele verschiedene Grüntöne zu mischen.

Querverbindungen:
- Drachengeschichten lesen
- **Kreatives Schreiben:** Eigene Drachengeschichte schreiben
- **Musik:** „Tabaluga" von Peter Maffay

12.4 Im Reich der Roboter

Gestaltungsanlass:

beliebig

Arbeitsbereich/grundlegendes Verfahren:

Farbiges Gestalten: Collagieren

Gestaltungsgrundlagen/Ziele:

Gestalten einer Gesamtfigur aus einzelnen Teilen; sauberes und genaues Arbeiten

Zeitaufwand:

- 2–3 Unterrichtsstunden

Material:

- Reste von gold-, silber- und kupferfarbigen Papieren und Folien (sammeln lassen)
- schwarzes Tonpapier DIN A4
- Schere, Klebestift

Betrachten:

- Abbildungen von Robotern

Gestaltungshinweise:

- Dem Gestalten geht eine Klärung des Begriffs „Roboter“ voraus:
  - besteht aus Metall
  - meist eckige, sich deutlich voneinander abhebende Einzelteile
  - Gelenke zwischen den einzelnen Teilen
  - menschenähnliches Aussehen
  - Schalter, Knöpfe, Hebel, Antennen, Kabel, …
- Die Schüler wählen mehrere kontrastierende Folien aus.
- Die Teile werden ausgeschnitten und zuerst gelegt. Wenn die Anordnung gefällt, können die Teile aufgeklebt werden.
- Durch Zwischenräume beim Aufkleben der Teile kann die Gelenkigkeit zum Ausdruck gebracht werden.
- Nach dem Aufkleben der „Körperteile“ erfolgt eine Ausgestaltung mit andersfarbigen Folienteilen.

Mögliche Ausweitung des Themas:

- Roboter aus Streichholzschachteln oder Pappschachteln
- Roboter aus Konservendosen

Querverbindungen:

- **Kreatives Schreiben:** Ein Tag im Leben von „Robbi“

13.1 Blumenstrauß in der Vase nach Chagall

Marc Chagall: Fruchtkorb und Blumenstrauß, 1949

Gestaltungsanlass:

Valentinstag, Muttertag, …

Arbeitsbereich/grundlegendes Verfahren:

Grafisches Gestalten: Drucken

Gestaltungsgrundlagen/Ziele:

Anwenden verschiedener Drucktechniken; formatfüllendes Gestalten

Zeitaufwand:

- ca. 2 Unterrichtsstunden

Material:

- Zeichenblatt DIN A3, Skizzenblatt
- Wasserfarben, Wassergefäß
- Papiertaschentücher, Korken, Schwämmchen, Moosgummi

Betrachten:

- Blumenstrauß in Vase/Krug
- Blumenbilder von Marc Chagall, z. B: "Liebespaar mit Blumen" oder „Fruchtkorb und Blumenstrauß"

Gestaltungshinweise:

- Zuerst malen die Schüler die Vase oder den Krug (nicht zu groß beginnen, kann bei Bedarf vergrößert werden).
- Anschließend werden mit einem Haarpinsel die Blumenstiele gemalt.
- Auf dem Skizzenblatt probieren die Schüler aus, womit sie Blüten und Blätter drucken können: mit den Fingern, den Borstenpinseln, mit Korken, Schwämmchen, mit Stempeln aus Moosgummi …
- Nun werden verschiedene Blüten und Blätter gedruckt.
- Der Hintergrund kann mit einem geknüllten Papiertaschentuch bedruckt werden (Möglich wäre auch, ganz am Anfang das Blatt wässrig einzufärben).

Mögliche Ausweitung des Themas:

- Kapitel 16.2 in Band 2: Ein Traumbild wie bei Chagall
- weitere Bilder von Chagall nachgestalten

Querverbindungen:

- **Sachunterricht:** Valentinstag, Muttertag

13.2 Ein Regenbogen

Gestaltungsanlass:

Gedicht; aktueller Regenbogen; Sachunterricht: Wetter

Arbeitsbereich/grundlegendes Verfahren:

Farbiges Gestalten: Malen

Gestaltungsgrundlagen/Ziele:

Eventuell Einführung in das Malen mit Deckfarben; Anwenden der Technik (deckendes Malen); Umsetzen eines Gedichts in ein Bild

Zeitaufwand:

- ca. 1–2 Unterrichtsstunden

Material:

- Gedicht: „Der Regenbogen" von Josef Guggenmos
- Zeichenblatt DIN A3 oder größer
- Deckfarben, Wassergefäß, Borstenpinsel

Betrachten:

- Abbildungen von Regenbögen

Gestaltungshinweise:

- Ausgehend vom Gedicht gestalten die Schüler ihren Regenbogen.
- Zuerst wird der Hintergrund gemalt: Ungefähr das untere Drittel Landschaft (Wiese oder ein Dorf), der obere Teil schwarz (= Regenwand). Es kann als Trennstrich noch ein Streifen vom blauen Himmel eingefügt werden.

- Wenn der Hintergrund getrocknet ist, malen die Schüler den Regenbogen. Das Gedicht gibt die Farben vor: Rot (→ größter Bogen), Orange, Gelb, Grün, Blau; Violett wird nicht genannt, muss noch ergänzt werden.
- Die Farben sollten gut aufgerührt und nicht zu wässrig aufgebracht werden, damit sie gut decken. Die einzelnen Streifen werden dicht aneinandergesetzt. Sollten sie etwas ineinanderlaufen, ist das nicht weiter schlimm.

Mögliche Ausweitung des Themas:

- weitere Bilder von Naturerscheinungen
- Der Farbkreis (Primär- und Sekundärfarben)

Querverbindungen:

- **Sachunterricht:** Das Wetter
- **Deutsch:** Gedicht „Der Regenbogen" (Seite 68)

Gedicht

Der Regenbogen

von Josef Guggenmos

Ein Regenbogen,
komm und schau;
rot und orange,
gelb, grün und blau.

So herrliche Farben
kann keiner bezahlen,
sie über den halben
Himmel zu malen.

Ihn malte die Sonne
mit goldener Hand
auf eine wandernde
Regenwand.

14.1 Franz Marc: Kleines blaues Pferdchen in neuer Stimmungsfarbe

Franz Marc: Kleines blaues Pferdchen, 1912

Gestaltungsanlass:

Haustiere; Kennenlernen des Malers/des Expressionismus

Arbeitsbereich/grundlegendes Verfahren:

Farbiges Gestalten: Malen

Gestaltungsgrundlagen/Ziele:

Gefühlsbezogene Farbauswahl; Sauberkeit beim Auftrag und bei der Abgrenzung der Felder

Zeitaufwand:

- ca. 2–3 Unterrichtsstunden

Material:

- Umrissskizze (eventuell vergrößert) (Seite 70)
- Deckfarben, Pinsel, Wassergefäß
- schwarzer Filzstift

Betrachten:

- Franz Marcs „Kleines blaues Pferdchen", weitere Werke Marcs

Gestaltungshinweise:

- Beim Betrachten der Werke Marcs erkennen die Schüler, dass dieser seine Tiere nicht naturgetreu, sondern (im expressionistischen Stil) in ihren „Stimmungsfarben" gemalt hat.
- Die Wirkungen der verschiedenen Farben werden besprochen.
- Die Schüler erhalten die Umrissskizze. Sie überlegen, in welcher Stimmung „ihr" Pferdchen ist, und wählen eine entsprechende Farbe aus.
- Anschließend wird der Hintergrund in passenden Farben ausgemalt.
- Wenn die Farben getrocknet sind, können die einzelnen Felder mit schwarzem Filzstift umrandet werden.
- Zum Schluß begründen die Schüler ihre Farbgebung.

Mögliche Ausweitung des Themas:

- weitere Werke Marcs (z. B. „Gelbe Kuh")

Querverbindungen:

- **Deutsch:** Text verfassen: Was mein Pferdchen denkt/fühlt/Was ihm passiert ist (eventuell Sprechblase auf Bild kleben)

Kopiervorlage

14.2 Ein Meeresbild nach Matisse

Gestaltungsanlass:
Meer; Aquarium; Fische

Arbeitsbereich/grundlegendes Verfahren:
Farbiges Gestalten: Collage

Gestaltungsgrundlagen/Ziele:
Gestaltklärendes Ausschneiden; genaues Arbeiten; Größenverhältnisse und Anordnung beachten (Ballung, Streuung)

Zeitaufwand:
- ca. 2 Unterrichtsstunden

Material:
- dunkelblaues und hellblaues Tonpapier
- weißes Papier
- Schere, Kleber

Betrachten:
- „Polynesien: Das Meer“ von Henri Matisse

Henri Matisse, Polynesien: Das Meer, 1946

Gestaltungshinweise:
- Beim Betrachten des Bildes bietet es sich an, etwas aus dem Leben von Matisse zu erzählen, der gegen Ende seines Lebens im Rollstuhl saß und keine großen Bilder mehr malen konnte. Er schuf nun seine berühmten Scherenschnitte.
- Das Bild von Matisse kann in Einzelarbeit, Gruppenarbeit oder als Gemeinschaftswerk nachgestaltet werden:
  - Einzel-/Gruppenarbeit: Bogen blaues Tonpapier Querformat
  - Gemeinschaftswerk: Dunkelblaues und hellblaues Tonpapier wird, wie beim Original, zu einem großen Hintergrund zusammengeklebt.
- Die Schüler schneiden Meerestiere, Algen und andere Pflanzen (möglichst ohne Vorzeichnen) aus und kleben sie auf.

Mögliche Ausweitung des Themas:
- Weitere Scherenschnittbilder von Matisse

Querverbindungen:
- **Deutsch:** Geschichten wie „Arielle“, „Die kleine Meerjungfrau“, „Der Regenbogenfisch“ …

15.1 Im Atelier von Angelica Kauffmann

Gestaltungsanlass:

Besuch beim Fotografen; Fasching; Schulfest; Geschenk für Muttertag, …

Arbeitsbereiche/grundlegende Verfahren:

Szenisches Gestalten: Verkleiden, Schminken; Gestalten mit technisch-visuellen Mitteln: Fotografieren

Gestaltungsgrundlagen/Ziele:

Porträtierte Personen durch Kleidung, Mimik und Körperhaltung nachstellen; Grundlagen in der Bedienung des Fotoapparats erwerben

Zeitaufwand:

- mehrere Unterrichtsstunden (ohne Vorbereitung)

Material:

- Kostüme, Möbel, Requisiten, Schminkutensilien
- Fotoapparat
- eventuell ein alter Holzrahmen
- eventuell Beleuchtung

Betrachten:

- z. B. „Bildnis einer sitzenden Dame" von Angelica Kauffmann

Gestaltungshinweise:

- Lehrer: „Wie war es denn früher, wenn die Leute ein Bild von sich haben wollten?" „Man musste zum Maler gehen ins Atelier und sich malen lassen."
- Betrachten von Bildern von Angelica Kauffmann.
- Feststellung: „Die Leute haben sich besonders fein gemacht; das sind reiche/vornehme Leute …"
- Die Schüler versuchen, ein solches Bild nachzustellen. Dazu benötigen sie feine, nach Möglichkeit auch alte Kleidungsstücke, Hüte, Perücken, Tücher, Krawatten, Schmuck …
- Die Schüler verkleiden sich (und schminken sich eventuell). Die Modelle müssen „drapiert" werden. Edle Stoffe als Hintergrund und eine besondere Beleuchtung wären möglich.
- Die Schüler fotografieren sich gegenseitig. Ist ein größerer verzierter Bilderrahmen vorhanden, kann durch diesen hindurch fotografiert werden. Toll wäre ein alter Sessel oder Stuhl.
- Die Fotos können vergrößert und eventuell gerahmt werden. „Kostbare" Rahmen können selber gestaltet werden z. B. mit Hilfe der Foliendrücktechnik.

Mögliche Ausweitung des Themas:

- **Gegenteil:** Einfache Leute darstellen
- **Szenisches Gestalten/Filmen:** Wir sprechen und bewegen uns wie vornehme Leute der damaligen Zeit

Angelica Kauffmann, Bildnis einer jungen Frau, vor 1781

15.2 Die Insel der Streifenmenschen

Gestaltungsanlass:

Fantasieerzählung; Fasching; Kennenlernen eines Künstlers

Arbeitsbereich/grundlegendes Verfahren:

Grafisches Gestalten: Zeichnen

Gestaltungsgrundlagen/Ziele:

Kennenlernen und kreatives Nachgestalten eines Kunstwerkes

Zeitaufwand:

- ca. 1–2 Unterrichtsstunden

Material:

- Zeichenblatt DIN A4
- Bleistift, Filzstifte
- eventuell farbiges Tonpapier

Betrachten:

- „face" von Alexander Calder

Alexander Calder: „face"

Gestaltungshinweise:

- Einstieg: Lehrererzählung:
  „Kapitän Copper gerät auf einer Reise in einen schweren Sturm. Er muss mit seinem Schiff vor einer unbekannten Insel vor Anker gehen. Durch sein Fernglas beobachtet er den scheinbar leeren Strand. Doch plötzlich entdeckt er etwas Seltsames …"
- Bild „face" wird gezeigt.
- Die Kinder beschreiben: „Es sind seltsame Menschen, sie haben weiße Haut mit schwarzen Streifen; nur Nase und Ohren sind farbig (Grundfarben: Gelb, Rot, Blau)".
- Lehrererzählung:
  „Kapitän Copper entdeckt noch mehr von diesen seltsamen Streifenmenschen, die am Strand hin- und herlaufen, jubeln und tanzen. Ihr sollt sie zeichnen."
- Schüler zeichnen den Umriss eines Menschen mit Bleistift formatfüllend auf ein DIN-A4-Blatt.
- Anschließend wird der Umriss mit schwarzem Filzstift nachgespurt. Der Körper erhält eine Binnenmusterung aus schwarzen Streifen. Mit den Grundfarben Gelb – Rot und Blau werden einige Akzente gesetzt (z. B. Nase, Ohren, Hände, Füße).
- Die Menschen können ausgeschnitten und zu einem Gemeinschaftswerk auf Tonpapier geklebt werden.

Mögliche Ausweitung des Themas:

- Tiere, Pflanzen, Bauwerke … im Land der Streifenmenschen
- Welche unbekannten Wesen könnte Kapitän Copper noch entdecken? – (z. B. Punkte- oder Kringelmenschen)
- Wie würdest du als Streifenmensch aussehen?

Querverbindungen:

- **Deutsch:** Fantasieerzählung: „Was Kapitän Copper auf der Insel der Streifenmenschen erlebt"

16.1 Ein Zahlenbild wie Jasper Johns' Von 0 bis 9

Gestaltungsanlass:

Einführung der Ziffern

Arbeitsbereich/grundlegendes Verfahren:

Grafisches Gestalten: Zeichnen

Gestaltungsgrundlagen/Ziele:

Zahlen als grafische Gestaltungselemente erfahren; Überschneidungen von Konturen erproben; Farbiges Gestalten von Einzelflächen unter Einbeziehung des Gesamteindrucks

Zeitaufwand:

- ca. 2–3 Unterrichtsstunden

Material:

- Zeichenblatt DIN A4
- Pappschablonen der einzelnen Ziffern (verkleinerte Vorlagen siehe Seite 75)
- Bleistift, Buntstifte oder Filzstifte

Betrachten:

- „Von 0 bis 9" von Jasper Johns

Jasper Johns: Von 0 bis 9, 1961

Gestaltungshinweise:

- 1960 entstand das Motiv der übereinander geschichteten Zahlen von 0 bis 9, das Jasper Johns in mehreren Versionen grafisch und malerisch (1961) gestaltete.
- Als Einstig bietet sich die Abbildung des Werkes an (z. B. auf Folie). Die Schüler entdecken, worum es sich handelt, und versuchen, die einzelnen Ziffern nachzuspuren (schwierig!).
- Eine einfachere Einstiegsvariante wäre eine Folie mit 3 übereinander kopierten Ziffern – hier ist ein Nachspuren wesentlich einfacher zu bewerkstelligen.
- Die Schüler sollen nun ein ähnliches Werk gestalten, allerdings nur mit 3 Ziffern. Sie wählen 3 Zifferschablonen und spuren die Ziffern mit Bleistift übereinanderliegend nach.
- Anschließend werden die entstandenen Einzelfelder farbig ausgestaltet oder grafisch strukturiert.

Mögliche Ausweitung des Themas:

- Mehr als 3 Ziffern verwenden
- Ähnliches Gestalten mit Buchstaben (z. B. Monogramm, Namen)

Querverbindungen:

- **Mathematik/Schreiben:** Unsere Ziffern

Kopiervorlage

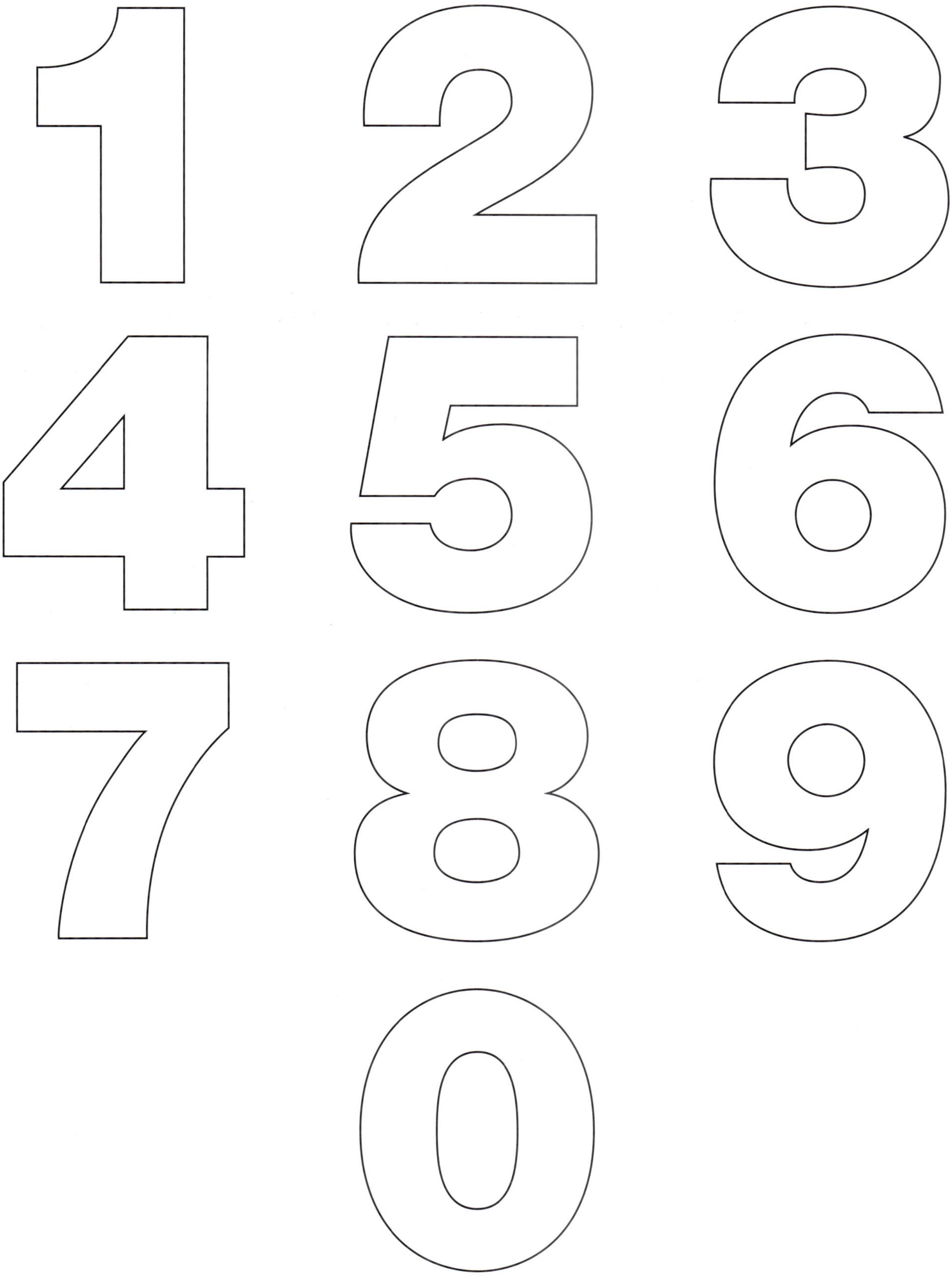

16.2 Ein Schlangendrache wie bei Niki de Saint Phalle

Gestaltungsanlass:

Fantasiererzählung

Arbeitsbereich/grundlegendes Verfahren:

Grafisches/farbiges Gestalten: Zeichnen

Gestaltungsgrundlagen/Ziele:

Kennenlernen einer Künstlerin und der charakteristischen Kennzeichen ihrer Kunst

Zeitaufwand:

- ca. 2–4 Unterrichtsstunden

Material:

- Fantasieerzählung (Seite 77)
- Arbeitsblatt (Seite 78) auf DIN A3 vergrößert kopiert
- farbige Stifte oder Kreiden

Betrachten:

- „Schlangendrache" und andere Werke von Niki de Saint Phalle

Gestaltungshinweise:

- Als Einstieg kann eine Fantasiegschichte dienen (siehe Seite 77).

Niki de Saint Phalle: Schlangendrache, 1971

- Beim Betrachten von Werken von Niki de Saint Phalle werden die charakteristischen Kennzeichen ihrer Kunst herausgearbeitet:
  - Verwendung leuchtender Farben und Schwarz und Weiß,
  - Einteilen der Figuren in einzelne Flächen,
  - Umranden der Flächen mit Schwarz, um die Leuchtkraft der Farben zu steigern.
- „Sigis Geschwister möchten auch so schön bunt sein. Schenkt ihnen die Farben!"
- Die Schüler erhalten eine Kopie mit der Umrissskizze des Schlangendrachens und gestalten diesen im Stil von Niki de Saint Phalle.

Mögliche Ausweitung des Themas:

- Weitere Gestaltungen, nach Niki de Saint Phalle, z. B. Nanas, Mosaike, Brunnen …
- Dieses Motiv eignet sich gut, um, wie bei unserer Schule im Pausenhof geschehen, eine Mauer entlang einer Treppe zu schmücken.

Querverbindungen:

- **Kreatives Schreiben:** Wie könnte die Geschichte weitergehen?

Lesetext

Fantasiegeschichte

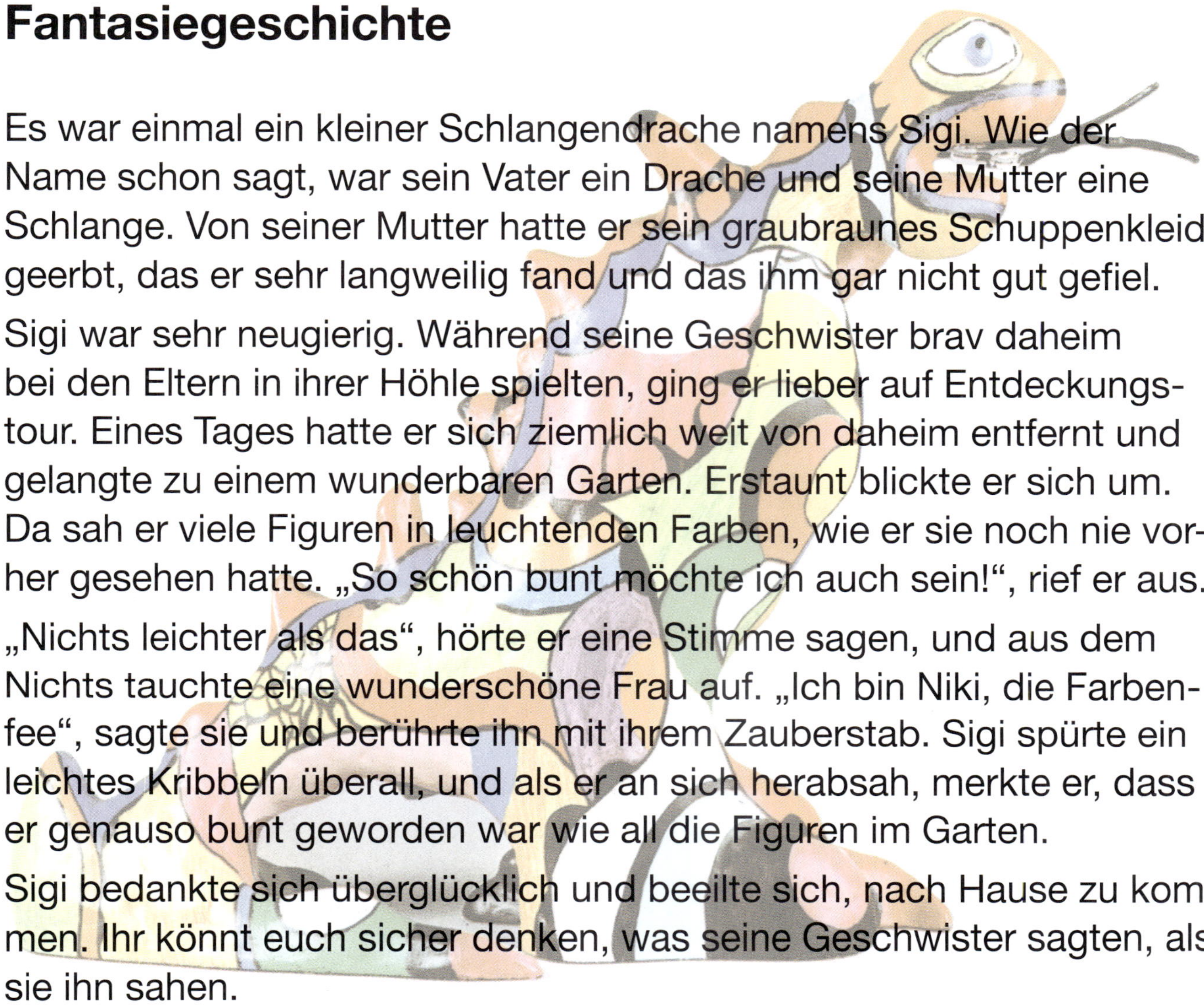

Es war einmal ein kleiner Schlangendrache namens Sigi. Wie der Name schon sagt, war sein Vater ein Drache und seine Mutter eine Schlange. Von seiner Mutter hatte er sein graubraunes Schuppenkleid geerbt, das er sehr langweilig fand und das ihm gar nicht gut gefiel.

Sigi war sehr neugierig. Während seine Geschwister brav daheim bei den Eltern in ihrer Höhle spielten, ging er lieber auf Entdeckungstour. Eines Tages hatte er sich ziemlich weit von daheim entfernt und gelangte zu einem wunderbaren Garten. Erstaunt blickte er sich um. Da sah er viele Figuren in leuchtenden Farben, wie er sie noch nie vorher gesehen hatte. „So schön bunt möchte ich auch sein!“, rief er aus.

„Nichts leichter als das“, hörte er eine Stimme sagen, und aus dem Nichts tauchte eine wunderschöne Frau auf. „Ich bin Niki, die Farbenfee“, sagte sie und berührte ihn mit ihrem Zauberstab. Sigi spürte ein leichtes Kribbeln überall, und als er an sich herabsah, merkte er, dass er genauso bunt geworden war wie all die Figuren im Garten.

Sigi bedankte sich überglücklich und beeilte sich, nach Hause zu kommen. Ihr könnt euch sicher denken, was seine Geschwister sagten, als sie ihn sahen.

Kopiervorlage

16.3 Phantastische Wesen oder Landschaften nach Max Ernst

Gestaltungsanlass:

beliebig

Arbeitsbereich/grundlegendes Verfahren:

Grafisches Gestalten: Drucken: Frottage (eventuell Collage)

Gestaltungsgrundlagen/Ziele:

Kennenlernen der Technik

Zeitaufwand:

- ca. 2–3 Unterrichtsstunden

Material:

- Zeichenblatt DIN A4 oder DIN A3
- weiche Bleistifte, Buntstifte oder Wachsmalkreiden
- eventuell Schere, Kleber
- Gegenstände zum „Durchrubbeln“, wie z. B. Münzen, Holz, Rinde, Stoffe, Blätter

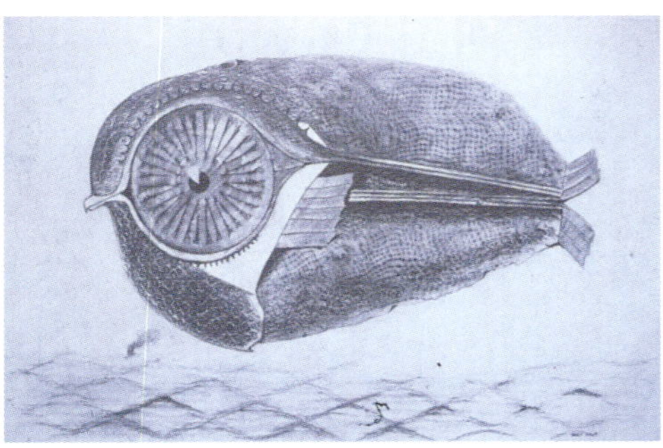

Max Ernst: Der Ausbrecher, 1925

Betrachten:

- Bilder von Max Ernst, z. B. „Der Ausbrecher“

Gestaltungshinweise:

- Beim Betrachten der Bilder überlegen sich die Schüler, wie die einzelnen Strukturen entstanden sein könnten.
- Vormachen/Erproben der Technik an einem Beispiel: Das Blatt wird auf einen Gegenstand mit Struktur gelegt und mit einem weichen Bleistift, Buntstift oder einer Wachsmalkreide „durchgerubbelt“.
- Die Schüler sammeln nun Gegenstände, die sich für diese Technik eignen, und probieren diese aus.
- Ziel ist es nun, mit Hilfe der vorhandenen Materialien möglichst fantastische Wesen oder Landschaften entstehen zu lassen.
- Es können auch aus den entstandenen Werken Teile ausgeschnitten und zu einer Collage zusammengesetzt werden.

Mögliche Ausweitung des Themas:

- Weitere Frottagebilder (siehe auch 2.2 Laubfrottage)

16.4 Ein verrücktes Tag-/Nachtbild nach René Magritte

Gestaltungsanlass:

Tageszeiten

Arbeitsbereich/grundlegendes Verfahren:

Grafisches Gestalten: Zeichnen

Gestaltungsgrundlagen/Ziele:

Formatfüllendes und fantasievolles Gestalten

Zeitaufwand:

- ca. 2 Unterrichtsstunden

Material:

- Zeichenblock DIN A4
- Stifte

Betrachten:

- René Magrittes „Das Reich der Lichter“

René Magritte: Das Reich der Lichter, 1954

Gestaltungshinweise:

- Beim Betrachten von Magrittes Bild stellen die Schüler fest, woran man die Tageszeit erkennt, z. B.:
  - Tag: heller Himmel, Sonne, Schatten …
  - Nacht: dunkler Himmel, Mond, Sterne, beleuchtete Fenster, eingeschaltete Straßenlaternen …
- Die Schüler zeichnen nun ein ähnliches Bild, bei dem beide Tagesszeiten vereint sind.

Mögliche Ausweitung des Themas:

- ähnliche Gestaltungen, z. B. Sommer/Winter auf einem Bild
- weitere fantastische Gestaltungen nach Magritte

Querverbindungen:

- **Sachunterricht:** Die Tageszeiten

Bild- und Textnachweis

Marc Chagall:	Fruchtkorb und Blumenstrauß, 1949, S. 66, © VG-Bildkunst, Bonn 2008
Franz Marc:	Kleines blaues Pferdchen, 1912, S. 69
Henry Matisse:	Polynesien: Das Meer, 1946, S. 71
Angelica Kauffmann:	Bildnis einer jungen Frau, vor 1781, S. 72
Alexander Calder:	Face, S. 73, © VG-Bildkunst, Bonn 2008
Jasper Johns:	Von 0 bis 9, 1961, S. 74, © VG-Bildkunst, Bonn 2008
Niki de Saint Phalle:	Schlangendrache, 1971, S. 76, © VG-Bildkunst, Bonn 2008
Max Ernst:	Der Ausbrecher, 1925, S. 79, © VG-Bildkunst, Bonn 2008

Josef Guggenmos:	„Das Gewitter" aus: Josef Guggenmos, Ich will dir was verraten © 1992 Beltz & Gelberg in der Verlagsgruppe Beltz, Weinheim & Basel
	„Der Regenbogen" aus: Josef Guggenmos, Was denkt die Maus am Donnerstag? © 1998 Beltz & Gelberg in der Verlagsgruppe Beltz, Weinheim & Basel
Leo Lionni:	Auszug aus: Leo Lionni, Seine eigene Farbe © 2006 Beltz & Gelberg in der Verlagsgruppe Beltz, Weinheim & Basel